大柳树生态经济区农牧业路径
及生态效益

宋豫秦　邵超峰　李晨晨　著

科学出版社

北京

内 容 简 介

本书通过梳理大柳树生态经济区农牧业开发的兴衰过程和自然环境的历史变迁，揭示了农牧业开发与沙漠化正逆过程的相互作用关系。同时，结合实地调查，总结了当代农牧业开发的经验和教训。在此基础上，结合西部大开发战略和"一带一路"倡议，汲取国内外现代农牧业发展的成功经验，提出了大柳树生态经济区生态农牧业开发的新理念、新目标和新思路，以及若干可操作性强的生态农牧业开发模式，并进行了相应的生态效益评估。

本书可供从事西部大开发、西北干旱半干旱区环境变迁、农牧业发展、沙漠化防治、水资源开发利用等研究的专业人员及大专院校相关学科师生参阅。

图书在版编目（CIP）数据

大柳树生态经济区农牧业路径及生态效益 / 宋豫秦，邵超峰，李晨晨著.
—北京：科学出版社，2018.8

ISBN 978-7-03-058456-4

Ⅰ.①大… Ⅱ.①宋… ②邵… ③李… Ⅲ.①农业经济-经济发展-研究-中国 ②畜牧业经济-经济发展-研究-中国 Ⅳ.①F323 ②F326.3

中国版本图书馆 CIP 数据核字（2018）第 172989 号

责任编辑：刘 超 / 责任校对：彭 涛
责任印制：张 伟 / 封面设计：无极书装

科学出版社 出版

北京东黄城根北街 16 号
邮政编码：100717
http://www.sciencep.com

北京虎彩文化传播有限公司 印刷
科学出版社发行 各地新华书店经销

*

2018 年 8 月第 一 版 开本：720×1000 B5
2018 年 8 月第一次印刷 印张：12 1/2
字数：250 000

定价：**120.00 元**
（如有印装质量问题，我社负责调换）

自　序

  2012 年夏，我受邀参加宁夏黄河论坛，第一次接触大柳树水利工程问题，该工程在中华人民共和国建立之初便被列入国家巨型水利工程建设议程，然而，由于坝址和灌区地处西北干旱半干旱的生态脆弱地区，加之关乎甘肃、宁夏、内蒙古、陕西四省区的利弊得失，虽经 60 多年论证，仍未取得一致意见，致使工程至今仍搁置未决。曾有相关人士囿于以往观点，机械地断言大柳树灌区气候干旱少雨，土壤含沙量高，在该地区进行开发活动，必将导致生态系统的恶化，特别是会导致严重的沙漠化。

  我涉足荒漠化研究二十余年，近年来又关注生态文明和可持续发展，既十分清楚西北地区生态环境之脆弱，也非常感佩"塞上江南"之伟绩，深感西北地区的开发尤其是农牧业开发问题决不能静止地、片面地看待。一味强调开发活动必然带来生态问题，而忽视防范措施的有效性，淡化了适宜的开发会产生良好的生态效应。因此，我们综合了生态、资源、经济、社会和历史等多方面知识，以历史与现实相结合、自然与社会相结合、宏观与微观相结合、动态与静态相结合的方法，以期更加深刻地探讨该区域的开发活动对生态环境的影响，为大柳树水利工程的科学决策提供参考。

  是为序。

宋豫秦

2017 年 12 月于北京大学

前　　言

黄河黑山峡河段是地处甘肃省和宁夏回族自治区境内的黄河干流，该河段被国家水利部及黄河水利专家一致认为是黄河上游最后一处最适宜修建高坝大库的峡谷河段。规划中的大柳树水利枢纽位于黑山峡出口以上 2km 处，黄河水利委员会勘测规划设计院曾于 1990 年 5 月编制了《黄河大柳树灌区规划报告》，规划灌区总面积为 2000 万亩（1 亩≈666.67m²），其中，近期规模为 600 万亩。似这般面积辽阔且相当一部分可自流灌溉的后备耕地资源，在我国屈指可数，弥足珍贵。

进入 21 世纪，伴随着国家尤其是西北地区社会经济的快速发展和西部大开发战略的推进，大柳树水利工程的重要性和迫切性再度凸显，主张工程尽快上马的呼声日高。推进该工程建设，是促进西北欠发达地区赶上全国经济发展步伐的重要举措，也是化解人民日益增长的美好生活需要和不平衡不充分的发展之间矛盾的客观要求。但是，曾有相关人士囿于传统认识，断言大柳树灌区气候干旱少雨，土壤含沙量高，在该地区进行开发活动，必将导致生态系统的恶化，特别是会导致严重的沙漠化。笔者认为，这类质疑对大柳树水利工程的科学决策十分必要，有利于提示决策层进一步加强对该工程的全面、深入论证。然而，在倾听质疑的同时，还必须看到：正是 2000 多年前开辟的河套灌区和宁夏灌区，辽阔的黄河上游地区才得以被纳入汉唐统一国家之版图，河套内外、贺兰山下这片片人迹罕至的苍凉荒原，才变成了水网密布、阡陌纵横、青烟袅袅、一望无际的"塞上江南"。河套灌区和宁夏灌区以其持续繁荣 2000 年，至今仍充满勃勃生机的辉煌历程，昭告世人：在中国西北干旱半干旱地区，只要有必要的水资源供给，只要采取集约化的耕作方式，不仅不会导致土地沙化，而且可以形成规模恢宏、繁荣稳定的人工绿洲生态系统，成为带动区域经济发展和文明进步的增长极，同时也可有效改善和增强区域脆弱生态系统的抗干扰能力和自组织、自调节能力，化解人地矛盾，优化空间格局。

本书首先梳理了研究区农牧业开发的兴衰过程和自然环境的历史变迁，目的在于辨识历史时期农牧业开发活动与土地沙漠化之间是否存在必然的因果关系。同时，依据多次的实地调查和必要的文献分析，系统总结了当代农牧业开发的经验和教训。在此基础上，结合西部大开发战略和"一带一路"倡议，汲取国内外现代农牧业发展的成功经验，以创新驱动为宗旨，提出了大柳树生态经济区生态农牧业开发的新理念、新目标和新思路,以及若干可操作性强的生态农牧业开发模式和技术方案,并进行了相应的生态效益评估。

本书不仅涉及生态、资源、经济和社会等多个范畴,而且需要研究这些范畴之间的复杂关系。加之涉及的时空范围广,而相关历史资料、基础数据或语焉不详,或暂付阙如,凡此皆对研究工作造成诸多障碍。为了弥补这些缺憾,笔者采取历史与现实相结合、自然与社会相结合、宏观与微观相结合、动态与静态相结合的方法,以期更加全面、科学地厘清相关问题。

目　　录

第1章 区域人地系统

1.1 建设背景及区域范围

1.1.1 建设背景

黄河黑山峡河段属地处甘肃和宁夏两省（区）境内的黄河干流，是黄河上游最后一个可以修建高坝大库的峡谷河段。规划中的大柳树水利工程位于黄河黑山峡河段出口上游 2km 处，是《黄河治理开发规划纲要》确定的黄河干流七项骨干工程和三大控制性工程之一。

黑山峡河段的开发早在 1954 年即已提出，限于当时国家的综合实力和技术水平，黄河规划委员会曾在《黄河综合利用规划技术经济报告》中提出在地质条件较好的小观音（甘肃境内）修建高坝、在大柳树（宁夏境内）修建低坝的二级开发方案。1959 年水电部北京院完成的《黑山峡开发方式研究报告》提出，一级开发具有库容大、调节流量大和有利于自流灌溉等突出优势，如果地质条件许可，应直接在大柳树修建高坝。

1981 年 11 月，水利部在《关于进行黄河大柳树灌区规划的意见》中提出，大柳树水利工程具有承上启下的重要作用，对调节黄河径流，在西北干旱地区发展灌溉农业，改变当地少数民族和革命老区人民贫困落后面貌，合理高效利用黄河水资源，都有深远意义，应抓紧进行大柳树灌区规划。1982 年，黄河水利委员会按照水利部上述文件要求，在有关省（区）提出的灌区规划报告基础上，编制了《黄河大柳树灌区规划报告（初稿）》。该报告规划灌区总面积为 3324 万亩（1亩≈666.67m^2），其中，宁夏为 1776 万亩，内蒙古为 1000 万亩，陕西为 548 万亩。其具体规划是，根据西北地区国民经济发展的需要，满足人口增长对粮食的需求，建立粮食、饲料基地和林果基地，发展农林牧业，改水降氟，解决工农业和人畜用水困难。近期规划宁夏农业占 60%，林业占 40%；内蒙古牧业占 80%，林业占 20%；陕西农业占 50%，林牧业占 50%。

1988 年，黄河水利委员会设计院根据水电部规划总院的要求，组织宁夏、内蒙古、陕西三省（区）在 1982 年《黄河大柳树灌区规划报告（初稿）》的基础上，对大柳树灌区规划进行了更为深入的调查和研究，并于 1990 年 5 月完成了《黄河大柳树灌区规划研究报告》，对大柳树灌区的范围、近期规模、远期规模、引水量和引水方式等进行了系统、翔实的论证。本规划提出的大柳树灌区范围是南起宁夏南部山区以北，北止内蒙古河套平原，西临腾格里沙漠，东至毛乌素沙地，涉及宁夏的银川市、石嘴山市、吴忠市、中卫市，内蒙古的鄂尔多斯市、阿拉善盟，陕西的榆林市。后根据水利部指示，又增加了石羊河下游的甘肃武威市民勤县，初步确定灌区近期规模为 600 万亩。

早期规划受"以粮为纲"战略思维的影响，将提高粮食供给能力列为工程建设的首要目标。随着国家经济社会的快速发展和西北生态环境的持续恶化，原定的开发模式已不能适应当前和未来发展的需要。为了更好地发挥大柳树水利工程在水资源配置方面的作用，改善黑山峡河段控制区域及周边地带的生态环境，结合扶贫开发工程，2007 年黄河勘测规划设计有限公司和中水北方勘测设计研究有限责任公司共同编制了《黄河黑山峡河段开发方案补充论证报告》。该报告将灌区原来以农业灌溉为主的发展定位调整为建设以节水型人工林草生态体系为屏障、以节水高效生态农牧业为基础、以草产业为主体、以现代化节水型小城镇为核心的新型绿洲生态经济体系，即在大柳树水利工程覆盖区建设以提供生态产品为核心的"大柳树生态经济区"。2013 年国家批复的《黄河流域综合规划（2012～2030年)》，肯定了这一新的定位和目标。

专栏一：大柳树水利枢纽工程

黄河上游黑山峡河段地跨甘肃、宁夏两省（区），全长 71km，河段出口天然年径流量为 331 亿 m^3，占全河水量的 62%，年均输沙量为 1.23 亿 t，约占黄河总输沙量的 10%，水多沙少，是黄河上游具备建设高坝大库条件的最后一个理想河段。

规划中的大柳树水利枢纽位于黄河干流黑山峡河段出口以上2km处的宁夏中卫市境内，距中卫市区 30km。2002 年，国务院批准的《黄河近期重点治理开发规划》将黑山峡河段开发工程列为黄河干流综合治理七大控制性骨干工程之一。2007 年，全国人民代表大会将宁夏代表团提出的《尽快立项建设大柳树水利枢纽工程》议案列为十项重点议案之一。2008 年，国务院第 23 次会议通过的《国务院关于进一步促进宁夏经济社会发展的若干意见》要求："在统筹规划和科学论证的基础上，加快黄河黑山峡河段开发及大柳树水利枢纽工程建设的前期工作。"

自 1954 年提出开发黑山峡河段以来，先后有数万名水利和地质工作者参与勘察和设计，国家发展和改革委员会（原国家计委）、水利部及黄河水利委员会等部门组织了多次论证，先后完成了《黑山峡开发方式研究报告》（水电部北京勘测设计院，1959 年)、《黄河黑山峡河段开发方式比较报告》(水电部北京勘测设计院，1981 年)、《黄河黑山峡大柳树坝址地震基本烈度复核报告》(国家地震局地质研究所，1987 年)、《黄河黑山峡河段开发方案意见》(黄河水利委员会，1988 年)、《黄河大柳树灌区规划报告》(黄河水利委员会，1990 年)、《黄河黑山峡河段规划报告》(天津勘测设计院，1990 年)、《黄河大柳树水利枢纽可行性研究报告》(天津勘测设计院，1993 年)、《关于建议加快建设黄河大柳树枢纽工程的报告》(中国科学技术协会，1994 年)、《黄河治理开发规划纲要》(黄河水利委员会，1997 年)、《黄河黑山峡河段开发方案咨询报告》(中国水电工程顾问集团有限公司，2001 年)、《黄河黑山峡河段开发方案论证的阶段性报告》(中国国际工程咨询有限公司，2006 年)、《黄河黑山峡河段开发方案补充论证报告》(黄河勘测规划设计有限公司、中水北方勘测设计研究有限责任公司，2007 年)和《黄河黑山峡河段开发方案论证报告》(黄河勘测规划设计有限公司、中水北方勘测设计研究有限责任公司、黄河水资源保护科学研究所，2014 年)等一系列大型专题论证报告。上述报告一致认为，大柳树水利枢纽为黄河上游可建高坝大库而迄今尚未立项的关键性工程，其位置适中，对利用黄河水资源起着承上启下的重要作用。该工程综合效益好，建设成本低，单位库容淹没损失小。其开发建设可促进黄河安澜和干流综合治理，推动西北地区社会经济发展，改善当地干旱面貌和脆弱的生态环境，对促进少数民族地区脱贫致富，加强民族团结等也将产生深远的影响。近年来，多位党和国家重要领导人都明确做出了支持该工程尽快上马的指示。

经过 60 年的论证，河段开发功能定位已基本明确，关键技术问题已胸有成竹。鉴此，2013 年国务院批复的《黄河流域综合规划（2012～2030 年)》将黑山峡河段的功能定位为协调水沙关系、防凌防洪、全河水资源合理配置、供水和发电。

1.1.2　区域范围

大柳树生态经济区是以黑山峡河段大柳树水利枢纽工程为依托，结合当地和周边区域的社会经济发展、国家扶贫开发重点和地方行政区划管理需要所划定的、以推进生态恢复和发展生态产业为主的区域。

该区北起阴山以南的内蒙古河套灌区，南以甘肃庆阳市、宁夏固原黄土丘陵区一线为界，西达甘肃民勤县，东至黄河晋陕峡谷北端，包括陕西北部的榆林市，甘肃的武威市、白银市、庆阳市，宁夏的石嘴山市、银川市、吴忠市、中卫市、固原市，内蒙古的鄂尔多斯市、乌海市、巴彦淖尔市、阿拉善盟 4 个省（区)、13 个地市、49 个县市，总面积约为 32.33 万 km^2。其中，黄河前套、后套、西套的宁蒙灌区面积为 2.42 万 km^2，黄土丘陵区面积为 9.19 万 km^2，三大沙漠面积为 12.94 万 km^2，毛乌素沙地面积为 7.78 万 km^2。

大柳树生态灌区是大柳树生态经济区的重要组成部分，其规划区域与 1990 年的《黄河大柳树灌区规划研究报告》（简称九零灌区规划）中的范围基本一致，包括宁夏银川市市辖区、永宁县、贺兰县、灵武市，石嘴山市平罗县，吴忠市利通区、红寺堡区、盐池县、同心县、青铜峡市，中卫市沙坡头区、中宁县、海原县；内蒙古鄂尔多斯市鄂托克前旗、鄂托克旗、乌审旗、杭锦旗，阿拉善左旗；陕西榆林市定边县、靖边县、横山区，合计三省（区）21 县（旗）。根据宁夏、内蒙古、陕西三省（区）灌区规模复核结果，规划范围内灌区可开发规模近期为 522 万亩，远期为 1962 万亩，远景为 6487 万亩。若计入石羊河下游甘肃民勤灌区 100 万亩，灌区可开发规模近期为 622 万亩，远期为 2062 万亩，远景为 6587 万亩，详见表 1-1。大柳树灌区规划区域土地广袤，连片平整，目前大部分为草地和林地，具有发展自流灌区的良好条件。

表 1-1　大柳树生态灌区分期规模复核结果　　　　（单位：万亩）

项目 省（区）	近期				远期				远景			
	河东灌区		河西灌区		河东灌区		河西灌区		河东灌区		河西灌区	
	自流	扬水	自流	扬水	自流	扬水	自流	扬水	自流	扬水	自流	扬水
宁夏	180	—	120	—	180	340	120	—	267	602	120	—
内蒙古	32	—	—	72	254	173	—	570	254	3649	—	687
陕西	—	118	—	—	—	325	—	—	—	908	—	—
甘肃	—	—	—	100	—	—	—	100	—	—	—	100
小计	212	118	120	172	434	838	120	670	521	5159	120	787
合计	330		292		1272		790		5680		907	
总计	622				2062				6587			

注：表中灌区规模远期含近期，远景含近远期

1.2　自　然　基　础

1.2.1　地形地貌

黄河上中游地区地形地貌复杂多变，山地、高原、沙漠、黄土丘陵沟壑相间分布，自西向东主要包括，祁连山山地、河西走廊、沙漠与沙地、内蒙古阿拉善高原、黄河冲积平原、鄂尔多斯台地、宁夏中部剥蚀中低山和洪积盆地及黄土丘陵沟壑等地貌单元。

宁夏南部属于黄土丘陵，主要分布有清水河、苦水河两大河谷平原，北部为鄂尔多斯台地，东部属于黄河冲积平原，西部为贺兰山洪积扇。地势南高北低，海拔一般为 1100～1350m。

内蒙古境内主要包括巴彦淖尔市、鄂尔多斯市和阿拉善左旗等地区，区内有黄河冲积平原、鄂尔多斯高原、丘陵及沙漠等地貌类型。位于巴彦淖尔市的河套平原，海拔为 1018～1050m，地势平坦，由西南向东北微倾。位于鄂尔多斯高原的鄂尔多斯市平均海拔为 1000～1500m，地形起伏不平，西高东低，地貌多样。丘陵地貌位于东部，属于丘陵沟壑水土流失区和砒砂岩裸露区。沙漠地貌位于阿拉善左旗，东靠贺兰山，西临腾格里沙漠，南临中卫平原，北至腰坝滩，地势东南高西北低，平均海拔为 800～1500m。

甘肃境内主要包括民勤县、景泰县和庆阳市。景泰县地形开阔，地势南高北低，海拔为 1600～1800m。民勤县的东、西、北三面被腾格里沙漠和巴丹吉林沙漠包围，海拔为 1300～1400m，地势西南高东北低。庆阳市境内沟壑纵横，丘陵起伏，地形地貌复杂，主要由塬、沟、梁、峁和丘陵山地组成。

陕西境内被横贯中部的宁条梁界分隔为东西两大片，西片属定边生态经济区，为冲积及洪漫平原闭流区，海拔为 1326～1410m；东片属靖边生态经济区，为冲积平原。

1.2.2　气候

黄河中上游地区在贺兰山以东受太平洋副热带高压控制，为大陆性季风气候，其他大部分地区气候主要受蒙古高压和大陆气团控制，为典型的内陆气候，光照充足，降水量小，干燥，多风。在气候区划上属于中温带西北干旱、半干旱区，热量由东向西增高，降水变化则与此相反，水热条件分布具有显著的地带性。

本区属夏季受东南湿润季风影响的边缘地带，降水量自东南向西北递减。东部定边县、靖边县年降水量为 300～400mm，西北部的阿拉善左旗年降水量为 156mm，北部鄂尔多斯市年降水量为 190mm，其他地区年降水量多为 200～300mm。降水在时间分布上极不均匀，集中在 6～9 月，夏季降水量占年降水总量的 50%～60%，冬季仅占 1%～2%，连续干旱日可达 120～160d。降水量小、年内和年际变化大乃该区降水的两大特点。与降水量少呈鲜明对比的是，年蒸发量高达 2100～2300mm，为年降水量的 7～15 倍。

本区年平均气温水平分布差异不大，因地势高低影响有约 2℃之差，年平均气温为 7.5～8.5℃，7 月最高气温为 38～42℃，1 月最低气温可达-36℃，气候特点一是春季升温快，秋季降温迅速，二是气温年较差与日较差均大。

1.2.3 水资源

黄河中上游地区涉及四个水资源二级分区，分别是兰州市至河口镇、河口镇至龙门、黄河内流区及石羊河流域。自产水资源总量为93.02亿 m³，其中，地表水资源量为56.50亿 m³，地下水资源量为83.14亿 m³，地表水与地下水的重复量为46.62亿 m³，人均水资源量为700m³，耕地亩均占有量为235m³，分别占全国平均水平的30%和17%。该区域水资源量少质差，可利用水资源总量为42.04亿 m³，其中，地表水可利用量为18.46亿 m³，地下水可利用量为23.58亿 m³，加之有效降水很少，属典型的资源性缺水地区。

1.2.4 土壤

宁夏境内主要土壤类型为灰钙土、风沙土、新积土，局部地带分布有黑垆土。灰钙土分布区排水条件好，地下水位较深，受荒漠草原植物群落特点与气候影响，有一定的腐殖质积累，淋溶作用弱，自上而下分为有机质层、钙积层及母质层。风沙土主要分布在宁夏中部和北部的灰钙土地区，南部除地势较高的固原市外，其他各县多有分布。新积土主要分布在盐池、同心和海原等县的丘陵间低地和贺兰山东麓的高阶地。

内蒙古境内河套平原土壤类型有潮土、灌淤土、盐土和沼泽土等，有机质含量为1%～2%。其中，阿拉善左旗灌区主要土壤类型有淡灰钙土、盐土及风沙土。淡灰钙土分布最广，表土层厚为40～80cm，有机质含量<1%。盐土面积较小，主要分布在洼地。风沙土集中在灌区西部，主要为腾格里沙漠流动沙丘群。鄂尔多斯市境内的土壤有灰钙土、淡棕钙土、风沙土及盐化灰色草甸土，有机质含量为0.5%。

甘肃境内民勤县土壤以灰棕色荒漠土及棕色荒漠土为主，是干旱草原植被条件下发育的土壤。景泰县大部分被第四纪风成黄土及次生黄土覆盖，土壤为漠钙土和灰钙土。庆阳市共有黑垆土、黄绵土、新积土、潮土、红黏土、灰褐土、水稻土7种土壤类型，以黑垆土为主。黑垆土土层深厚，有机质含量为1%～4%。

陕西境内榆林市地带性土壤主要包括西部荒漠草原条件下的淡灰土、东部干草原条件下的淡栗土、草原沙黑垆土及草原化森林草原黑垆土4类。非地带性土壤根据不同的成土条件可分为10类，有紫色土、黄绵土、风沙土、沼泽土和水稻土等。这些土壤经过深翻改土、增施有机肥及上灌下排进行水利土壤改良后，适宜作物生长。

1.2.5 植被

黄河上中游地区特殊的地理位置，高山与盆地、山地与平原、沙漠与绿洲相间的地貌特征，以及水热条件的空间差异，使植被的形成与分布在各地区明显不同。

宁夏南部属典型草原向荒漠化草原过渡地带，天然植被为旱生干草原，主要是以长芒草、紫苑、光胡枝子和百里香等为优势种的典型草原群落，植被覆盖度较低。中部植被为荒漠草原类型，主要有猫头刺、沙蒿、老瓜头、骆驼蓬、沙米和甘草等，灌木有柠条和沙柳等，植被覆盖度低，目前仅为 10%～15%。北部为荒漠草原植被类型，植被覆盖度为 10%～15%，是典型的刺旋花—短花针茅—猫头刺+红砂草场类型。刺旋花为优势种，其次为短花针茅、猫头刺和红砂等，另外还生长有红叶骆驼蓬、木蓼、牛枝子和老瓜头等。

内蒙古河套平原以禾本科、黎种、蓼种、菊种占优势的草甸植物为主，低洼处分布有部分盐生植被。阿拉善左旗生长着超旱生的荒漠植被，如红砂、泡泡刺、合头草和短叶假木贼等；湿润的冲积平原和湖成洼地生长有茂密的中生和湿生的乔木、灌木和草本植被，植物种有胡杨、沙枣、红柳、芦苇、芨芨草、苦豆子、甘草和薹草等；基质疏松的沙丘上主要生长梭梭、白刺和沙米等。鄂尔多斯市西部及巴彦淖尔草原区以由小针茅和小半灌木组成的矮草草原为主，草群低矮稀疏，盖度为 10%～25%。

甘肃民勤县植被以沙米、绵蓬、猪毛菜、黄花矶松、甘草、苦豆子、披针叶黄花、沙地旋覆花、罗布麻、花花柴、沙生针茅和碱蓬等为主；以白刺、柽柳、盐爪爪、黑果枸杞、红砂、珍珠、刺旋花、沙蒿为主的灌木、半灌木分布广泛；胡杨和刺柳等荒漠河岸林也属常见。景泰县植被有针茅、红砂和珍珠等，为荒漠草原景观。庆阳市植被类型主要是荒坡牧草，散生着小片灌木林地，草木植被主要有针茅、伏地肤，乔木有杏、杨、柳、榆、椿，灌木有狼牙刺、沙棘、柠条。

陕西榆林以沙生植被为主，固定和半固定沙丘上普遍有黑蒿、白沙蒿、沙米和沙竹生存；海子（小湖泊）和丘间洼地周围有沙柳、乌柳；在草滩区有寸草、芨芨草、薹草和芦苇等群丛及灌木碱蓬、盐爪爪和白刺等群丛，草本植被盖度达95%以上，灌木群丛盖度达 80%。此外，西部的盐碱土区，还分布着甘草、海乳草和碱茅等耐盐碱植物。

1.3 社会基础

据 2012 年统计资料（表 1-2），规划区涉及宁夏、内蒙古、陕西、甘肃四省

（区）13 个市（盟）、49 个县市区，区域总人口为 1453.36 万人，其中，农村人口为 800.93 万人，人口密度为 44.80 人/km²；区域耕地面积为 3185.49 万亩，人均耕地面积为 3.21 亩；2012 年地区生产总值为 10 456.23 亿元，其中，第一、第二、第三产业增加值分别为 571.02 亿元、6681.25 亿元、3203.88 亿元，人均国内生产总值（GDP）为 71 952 元，农民人均纯收入为 4200～12 500 元，城镇居民人均可支配收入为 11 400～30 400 元；三次产业就业结构为 47：25：28，全国三次产业就业结构为 33.6：30.3：36.1，与全国相比，第一产业就业人数比重过大；城镇化率为 44.90%，全国为 52.57%，低于全国平均水平 7.67 个百分点，大柳树生态经济区社会经济发展水平与全国总体水平的对比见表 1-3。整体上看，大柳树生态经济区人均耕地面积较大、人口密度较低、单位国土面积产值明显低于全国平均水平，社会经济发展水平滞后、城乡居民人均可支配收入严重不均，属于西部地区社会经济发展的洼地。受资源开采利用影响，可持续发展能力较低，急需转型创新发展。

表 1-2   大柳树生态经济区 2012 年社会经济情况统计表

省（区）	市（盟）	总人口（万人）	农村人口（万人）	地区产业增加值（亿元）				年末耕地面积（万亩）	人均耕地面积（亩）	农民人均纯收入（元）	城镇居民人均可支配收入（元）
				生产总值	第一产业	第二产业	第三产业				
陕西	榆林市	277.70	214.17	2 655.42	94.53	1 988.70	572.19	477.60	1.63	7 681.00	24 140.00
	小计	277.70	214.17	2 655.42	94.53	1 988.70	572.19	477.60	1.63	7 681.00	24 140.00
宁夏	银川市	204.63	51.08	1 140.83	51.06	624.91	464.86	240.45	4.71	8 068.00	21 901.00
	石嘴山市	74.16	21.82	409.21	22.44	265.29	121.48	100.35	4.60	7 967.00	20 294.00
	吴忠市	131.20	98.30	312.05	47.33	171.27	93.45	312.20	3.18	6 370.00	17 844.50
	中卫市	110.72	74.25	249.41	41.52	110.00	97.89	230.80	3.11	5 927.00	17 867.00
	固原市	42.73	31.65	67.83	11.15	17.68	39.00	28.11	0.66	4 793.00	18 194.00
	小计	563.44	277.10	2 179.33	173.50	1 189.15	816.68	911.91	3.89	6 509.70	20 487.05
内蒙古	鄂尔多斯市	200.48	58.99	3 792.91	90.06	2 285.83	1 417.02	618.89	4.07	11 416.00	30 382.00
	乌海市	54.84	3.03	562.56	4.86	413.19	144.51	10.19	0.19	12 429.00	25 447.00
	巴彦淖尔市	147.00	86.81	606.11	132.92	344.87	128.32	707.03	4.34	10 717.00	18 455.00

续表

省(区)	市(盟)	总人口(万人)	农村人口(万人)	地区产业增加值（亿元）				年末耕地面积(万亩)	人均耕地面积(亩)	农民人均纯收入(元)	城镇居民人均可支配收入(元)
				生产总值	第一产业	第二产业	第三产业				
内蒙古	阿拉善盟	17.98	4.70	341.76	7.19	310.31	24.26	35.77	2.50	9 836.00	24 448.00
	小计	420.3	153.53	5 303.34	235.03	3 354.20	1 714.11	1 371.88	3.59	10 992.40	26 437.13
甘肃	庆阳市	35.18	32.60	54.96	8.85	34.11	12.00	82.80	2.35	4 262.00	18 820.00
	武威市	64.79	59.50	87.74	30.27	31.15	26.32	131.53	1.95	6 135.00	11 415.99
	白银市	91.32	64.03	175.36	28.84	83.94	62.58	209.77	3.28	4 937.22	15 288.83
	小计	191.29	156.13	318.06	67.96	149.20	100.90	424.10	2.66	5 252.70	14 965.25
合计		1 452.73	800.93	10 456.23	571.02	6 681.25	3 203.88	3 185.49	3.97	7 437.16	22 958.31

注：表中统计数据针对 13 个市（盟）的 49 个县（旗），并以各省市、地（县）的 2012 年、2013 年统计公报为数据来源，其中，甘肃的三个市只包括经济区涉及地县

表 1-3　大柳树生态经济区社会经济发展水平与全国总体水平对比分析（2012 年）

指标	大柳树生态经济区	全国平均水平	陕西	宁夏	内蒙古	甘肃
人口密度（人/km²）	44.80	141.05	182.53	97.44	21.05	56.82
人均耕地面积（亩）	3.21	1.35	1.62	2.57	4.31	2.71
农民人均纯收入（元）	7 437	7 917	5 763	6 180	7 611	4 507
城镇居民人均可支配收入（元）	22 958	24 565	20 734	19 831	23 150	17 157
人均 GDP（元）	71 952	38 420	38 564	36 394	63 886	21 978
地均生产总值（万元/km²）	323.45	537.79	703.01	352.60	134.24	124.54
城镇化率（%）	44.90	52.57	50.02	50.67	57.74	38.75

注：表中数据来源于 2013 年全国及相应省区统计年鉴

在主要产业类型方面，第一产业以农牧业为主，占比为 5.81%，第二产业主要为以资源开采利用为核心的煤电加工和油气加工等，占比为 63.67%，第三产业主要为旅游业和生活性服务业等，占比为 30.52%，产业发展整体上处于高度依赖资源和能源开发的工业化的初期阶段。与全国三次产业占比分别为 10.1%、45.3%、44.6% 相比，该区域第一产业占比较小，第二产业占比较大，第三产业滞后。

1.4 人地系统特征

1.4.1 生态环境脆弱，生态问题突出

　　大柳树生态经济区周边有腾格里、巴丹吉林、乌兰布和、库布齐沙漠及毛乌素沙地（图 1-1），年降水量多为 200～300mm，年蒸发量达 2100～2300mm，属中温带西北干旱半干旱区，风大沙多，水资源极度短缺。主要生态系统类型包括典型草原、荒漠草原、荒漠高寒草甸、疏林沙地和农田等，生态系统具有敏感性强、抗干扰能力弱、时空波动性大、景观异质性强和边缘效应显著等脆弱性特征，为《全国生态脆弱区保护规划纲要》（环境保护部，环发〔2008〕92号）确定的北方农牧交错生态脆弱区和西北荒漠绿洲交错的典型生态脆弱区。多年来，由于人类的不合理活动，区域生态急剧退化，具体表现为草原退化、土地沙化和水土流失等。对照《全国主体功能区规划》（国发〔2010〕46 号），大柳树生态经济区属于国家重点生态功能区，主要为水土保持型及防风固沙型两类。对照《全国生态功能区划（修编版）》，大柳树生态经济区分布有黄土高

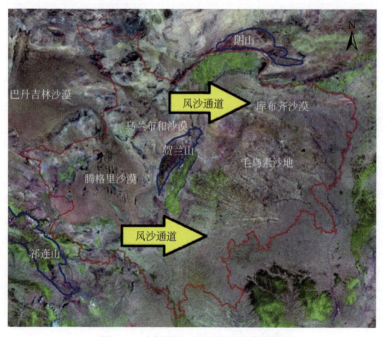

图 1-1　大柳树生态经济区遥感影像

原土壤保持重要区、科尔沁沙地防风固沙重要区、鄂尔多斯高原防风固沙重要区、西鄂尔多斯—贺兰山—阴山生物多样性保护与防风固沙等多个重要生态系统服务功能区，对全国生态安全有重大影响。

黄河上中游地区一向以"水甘草丰""地宜畜牧"著称，但因人口增加和过度开发等，数十年来草场面积逐年减少，90%以上的草场存在着不同程度的退化。内蒙古阿拉善左旗由于长期滥垦和超载过牧，加之干旱少雨和虫灾频繁，天然草场植被退化特别显著，20 世纪 70 年代草原上的一些建群种和优势种植物现已衰退甚至消失，优良牧草的生长发育能力减弱，而有毒有害植物比例增长，1985~1999 年，优良牧草植被平均高度下降25%，盖度平均下降30%。

该区域荒漠化问题极为典型（图 1-2），据第四次荒漠化和沙化监测统计（表 1-4），区域沙化土地面积为 24 001.35 万亩，有明显沙化趋势的土地面积为 4395.3 万亩。在沙化土地中，按沙化类型分，流动沙地面积为 6895.05 万亩，占沙化土地面积的 28.73%；半固定沙地面积为 3719.85 万亩，占沙化土地面积的 15.50%；固定沙地面积为 10 048.2 万亩，占沙化土地面积的 41.87%；露沙地面积为 540 万亩，占沙化土地面积的 2.25%；沙化耕地面积为 254.4 万亩，占沙化土地面积的 1.06%；风蚀残丘面积为 7.78 万亩，占沙化土地面积的 0.03%；风蚀劣地面积为 868.95 万亩，占沙化土地面积的 3.62%；戈壁面积 1665.75 万亩，占沙化土地面积的 6.94%；非生物治沙工程地面积为 0.45 万亩。图 1-3 是该区域沙化土地分布。该区是 2001 年环境保护部和中国科学院联合科学考察确定的我国四大沙尘暴源区之一，极易发生大风、浮尘、扬尘、沙尘暴灾害，不仅直接影响农牧业生产，对交通、水利和居民生活等造成威胁，而且对北京及周边地区的大气环境质量造成了严重危害，是北京及其周边地区沙尘暴的主要沙源。黄土丘陵沟壑区的森林草地被开垦为耕地后，极易引发水土流失。本区水土流失主要位于景泰县—海原县—同心县—固原市—环县—盐池县南部—定边县南部—横山区南部—绥德县—神木市东部范围内，这些地方一般具有山高、坡陡、谷深、河沟比降大和黄土易被侵蚀等特点，土壤侵蚀模数为 5000~10 000t/（a·km²），少数地区高达 2 万~3 万 t/（a·km²），年均产沙量约为 14 亿 t，很多地区平均每年流失土壤厚度为 0.5~1.0cm，有的地区高达 2~5cm。

表 1-4　黄河中上游地区沙化土地现状表　　　　（单位：万 hm²）

省（区）	沙化土地监测总面积	沙化土地									有明显沙化趋势的土地	非沙化土地
		小计	流动沙丘（地）	半固定沙丘（地）	固定沙丘（地）	露沙地	沙化耕地	非生物工程治沙地	风蚀残丘	风蚀劣地	戈壁		
合计	2757.08	1600.09	459.67	247.99	669.88	36.06	16.96	0.03	0.52	57.93	111.05	293.02	863.97

续表

省 (区)	沙化土 地监测 总面积	沙化土地										有明显 沙化趋 势的土 地	非沙 化土地
		小计	流动 沙丘 (地)	半固 定沙 丘 (地)	固定 沙丘 (地)	露沙 地	沙化 耕地	非生 物工 程治 沙地	风蚀 残丘	风蚀 劣地	戈壁		
宁夏	324.12	116.24	10.78	11.44	74.03	—	10.10	—	0.09	—	9.80	33.54	174.36
内蒙 古	1866.93	1186.70	400.05	200.99	413.39	33.98	0.82	—	0.43	57.91	79.13	214.48	465.75
甘肃	254.79	157.78	46.13	22.79	61.95	2.09	2.66	0.03	—	0.02	22.11	41.72	55.29
陕西	311.26	139.40	2.72	12.77	120.52	—	3.39	—	—	—	—	3.29	168.57

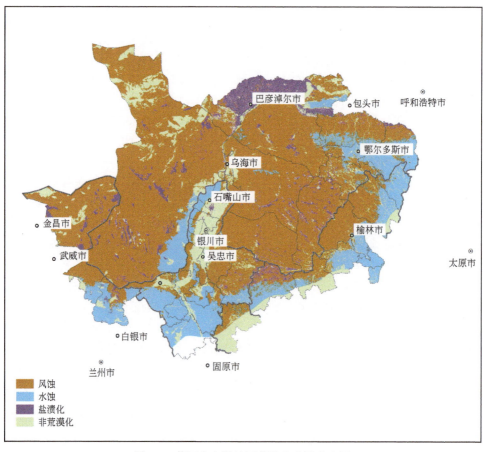

图 1-2　黄河中上游地区荒漠化土地分布图

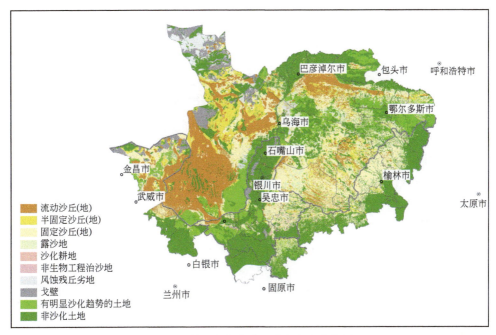

图 1-3 黄河中上游地区沙化土地分布图

1.4.2 水资源奇缺，有水才有绿洲

据统计，大柳树生态经济区可利用水资源总量为 42.04 亿 m³，其中，地表水可利用量为 18.46 亿 m³，地下水可利用量为 23.58 亿 m³，多年平均年降水量约为 250mm。人均水资源占有量约为 197m³，为全国平均值的 1/12 和黄河流域的 1/3；亩均占有量为 48m³，为全国平均值的 1/28 和黄河流域的 1/6，属典型的资源性缺水地区。受季风影响，天然降水年内分布不均，年际变率大，全区绝大部分地区 70% 的降水量集中于 7～9 月，4～6 月降水量仅占 15%，难以保障作物苗期对水分的基本需求。

黄河是流经大柳树生态经济区的主要河流，2000 多年的引黄灌溉历程，造就了黄土高原的连片绿洲。近年来，在内蒙古、宁夏牧区的水利试点地区开展的以饲草料基地为主要内容的牧区水利建设，不仅有效解决了畜草矛盾，缓解了天然草地资源衰退对牧业发展和牧民增收的制约，促进了草原畜牧业向舍饲化、集约化方向发展，更重要的是灌区开发有效保障了封山禁牧、退牧还草政策的实施，退牧后的草场由于放牧量大幅度下降而得以恢复。

1.4.3 光热及土地条件优越

大柳树生态经济区≥10℃的积温为 2900～3300℃，全年太阳辐射总量为 33.82～33.59kJ/cm²。区内日温差较大，一般为 12～14℃，全年无霜期一般在 160d 左右，但无霜期年际之间相差 60～70d。从光热条件看，这里具有发展灌溉农业的良好条件。

大柳树生态经济区地域辽阔，灌区可开发规模近期为 622 万亩，远期达到 2062 万亩，地形平坦且土地集中连片。2004 年 5 月中国工程院的《西北地区水资源配置生态环境建设和可持续发展战略研究》中明确指出，该地区土地平坦连片，光热资源丰富，具有发展农业的良好条件。尤其像宁夏的清水河川、红寺堡，内蒙古的孪井滩，陕西的定边、靖边地区近百万亩和几十万亩的连片土地，在全国待开发的地区中实属罕见，是我国开发条件较好、生产潜力巨大的后备耕地资源之一。通过水资源调配、引黄灌区建设，特别是节水技术的广泛普及，在有水资源保障的情况下开发耕地，不但不会打破当地原有的生态平衡，还会通过绿洲农业的发展增强西部生态屏障的作用。

1.4.4 少数民族聚居，贫困问题突出

西北农牧交错带是以汉民族为代表的中原农耕文化与北方游牧民族文化的交错地带，自古就是民族交融地区。大柳树生态经济区涉及宁夏和内蒙古两个少数民族自治区，居住着回族和蒙古族等多个少数民族的数百万群众，是我国最重要的民族聚居区之一。

大柳树生态经济区，分布着数十个国家扶贫开发工作重点县，甘肃民勤县、宁夏中部干旱带和南部山区、内蒙古阿拉善盟都是贫困人口的集中区，其中，六盘山区属于国家连片特困地区。以宁夏中部干旱带和南部山区的 8 个国家扶贫开发工作重点县、6 个革命老区县为例，这里是全国最大的回族聚居区和集中连片特殊困难地区（六盘山集中连片特困地区），其面积为 4.3 万 km²，占宁夏总面积的 65%；人口为 256.3 万人，占宁夏总人口的 41%，其中，回族人口为 133 万人，占宁夏回族人口的 59.1%；2012 年，该区域农民人均纯收入为 3500 元左右，只有宁夏农民人均纯收入的 72% 左右，全国平均水平的 55% 左右。

1.4.5 引黄灌溉历史悠久，成效显著

内蒙古河套平原、宁夏平原是黄河上游的著名古老灌区，自秦汉开始就有引

黄自流灌溉的历史，农业发展水平相对较高，是西北农业的精华之地，素有"西部粮仓"之誉。

宁夏引黄灌区是我国四大古老灌区之一，素有"塞上江南"之美誉，是宁夏主要粮油产区，也是全国 12 个商品粮基地之一。宁夏回汉群众大力开展农田水利建设，先后建成了青铜峡水利枢纽、固海扬水工程、盐环定扬水工程、扶贫扬黄工程和沙坡头水利枢纽工程。目前，灌溉农田面积达到 700 多万亩，不仅生产出宁夏 80%以上的粮食，也同时解决了 100 多万农村人口的饮水困难。引黄灌区发挥的巨大经济和社会效益，为宁夏国民经济增长、人民生活质量提高、社会安定及民族团结提供了强有力的支撑和保障。可以说，没有引黄灌区，就没有宁夏的今天。

1.4.6 发展方式有待转变，经济区内差异显著

大柳树生态经济区内已有灌区目前尚存在发展方式粗放等问题。以宁夏为例，农业消耗水量大、效益低，灌区水利设施老化，全区现状农业取用水量占全区总量的 89%，高于全国平均比例。2016 年万元 GDP 用水量为 206m^3，而全国仅为 84m^3，比全国平均水平高一倍有余，节水潜力巨大。

由于地理条件、自然资源的差异，社会经济发展的背景不同，区内各地区发展水平差异显著。引黄灌区凭借引水之便，农业高产稳产，现已成为我国西北重要的农业生产基地。而无水灌溉的地区荒漠化严重，干旱等自然灾害频发，广种薄收，农业生产低而不稳，是全国著名的贫困地区。以宁夏为例，既有河东灌区等发展较好的地区，又有中部干旱带和南部山区等贫困地区。

综上所述，大柳树生态经济区属干旱半干旱地区，水资源不足是导致环境容量低、生态稳定性差、抗御自然灾害和人为破坏能力弱的主要因素，也使当地光热和土地等资源优势难以发挥。水是维持荒漠地区绿洲发展的决定因素，水变绿洲变，有水即有绿洲，无水即变沙漠。水资源短缺成为地区经济、社会、生态建设的短板。

1.5 人地系统良性发展方式

大柳树生态经济区既是生态脆弱地区，又含有绿洲精华区；既暗藏着生态风险，又蕴含着巨大的发展潜力。历史经验表明，该地区生态环境及社会经济能否良性发展取决于其开发方式。在今后的开发过程中，必须以"三生共赢"为原则，通过调适自身行为，实现生活、生产和生态的协调，致力于实现生活改善、生产发展与生态良好的目标，以保证人地系统良性发展。

1.5.1　开源节流是必由之路

在无灌溉条件的情况下，人们不得不大量开垦土地，靠天吃饭，广种薄收。这种粗放式开发必然破坏原本就十分脆弱的生态环境。退化的生态环境无法维持自身的生态平衡，更无法保证社会经济的健康稳定。生态贫困必然加剧经济贫困，并形成恶性循环。有水灌溉时，灌区原先的荒漠和荒漠草原可以变为"山川秀美"的新绿洲。"有水一片绿，无水一片沙"，宁夏红寺堡和内蒙古孪井滩等灌区绿洲即其证。

西北地区干旱少雨的自然环境和粗放的水资源利用方式共同导致了区域水资源严重短缺的困境，不仅威胁着生态系统的稳定，也制约着社会经济的稳定发展。随着西北地区经济社会的快速发展和生态建设的加强，用水需求还将不断增加。目前宁蒙灌区用水量占区域用水量的近 90%，通过建设大柳树水利工程可以大幅度提高自流灌区的面积，达到"开源"的目的。至为关键的是灌区还必须下大决心发展节水农业，大幅提高水资源的利用效率和综合效益，以此实现根本性"节流"。

1.5.2　优化开发是生态之举

以往大柳树生态经济区内绝大多数地区的农牧业发展方式未与当地的资源环境条件相适应，大部分灌区种植结构单一，小麦和玉米等高耗水粮食作物面积过大，没有因地制宜地发挥其土壤和光照等优势以发展适合当地的经济作物。同时，过度放牧、滥垦滥伐和大水漫灌等普遍存在，部分地区的开发压力超过了其环境和资源承载能力，导致沙漠化、盐碱化、水土流失。

未来灌区的开发必须坚持"在保护中发展、在发展中保护"的生态建设理念，把环境容量和资源承载力作为发展的基本前提，把资源消耗、环境损害、生态效益纳入经济社会发展评价体系，建立体现生态文明要求的目标体系、考核办法、奖惩机制。同时充分发挥环境保护对经济增长的优化和保障作用、对经济转型的倒逼作用，推进经济发展方式转变，提高经济社会发展质量。建立反映市场供求和资源稀缺程度、体现生态价值和代际补偿的资源有偿使用制度和生态补偿制度，引导区域生态建设行动并提升其效果。

1.5.3 生态移民是最佳出路

大柳树生态经济区面临的土地荒漠化、森林植被破坏、生物多样性减少和水资源危机等困境，严重影响该地区居民的生存发展，部分居民甚至成为生态难民。

以宁夏中部干旱带和南部山区为例，该区域是全国 18 个集中连片特殊困难地区之一，尚有贫困人口 100 多万，农村低保对象 13.5 万户，人均 GDP 为全区平均水平的 29%，为川区的 22%，农民人均纯收入为全区平均水平的 72%，为川区的 55%，脱贫致富的任务十分繁重。这一地区自然条件恶劣，干旱少雨，生态失衡，农业收入低而不稳；位置偏远，信息闭塞，群众外出务工不便；群众居住分散，公共服务成本高，缺乏实现健康发展的基础条件。当地水资源短缺的瓶颈制约将长期存在，生态退化短期内难以逆转，人口压力持续加大，社会矛盾激化的风险仍然较高。显然，改善这一地区的基本生存条件是一项极为紧迫的民生工程。

从 20 世纪 80 年代开始，宁夏先后组织实施吊庄移民、扶贫扬黄工程移民和易地扶贫搬迁移民，累计搬迁移民 50 余万人。2001 年，宁夏被国家发展和改革委员会确定为实施易地扶贫搬迁试点工程项目区之一，实施了以改善群众生产生活条件为主要目标的中部干旱带县内生态移民工程，"十一五""十二五"期间，宁夏在总结以往扶贫移民经验的基础上，累计完成了 45 万人的移民工程建设任务，开发安置移民农田近 50 万亩，极大地改善了移民的生产生活条件，大幅拓宽了移民的致富空间，有效遏制了生态环境恶化。例如，宁夏吴忠市红寺堡区，移民开发前该地区土地撂荒、沙化严重，并有向周边市县扩张之势。依托扬黄灌溉工程，广大移民群众从难以维持生计的山区搬到红寺堡，实现了雨养农业向灌溉农业、灌溉农业向集约农业的跨越，走上了脱贫致富之路。实践充分证明，生态移民是一项有效促进当地生产力发展的扶贫工程、开发工程，是从根本上解决宁夏中南部地区贫困问题的治本之策。

生态移民工程是将位于生态脆弱区或重要生态功能区的人口向其他地区迁移，其根本目的是消除贫困、发展经济和修复生态，实现社会、环境与经济的可持续发展。生态移民政策为基本解决农村居民的生存问题、改善贫困人口的生产生活条件、遏制生态恶化做出了重要贡献。未来的生态移民工程需要结合大柳树水利工程的建设进度及区域水资源优化配置条件，按照"人随水走、水随人走"的思路，依托已建或拟建的农村饮水工程、扬黄工程及节水补灌工程，积极稳妥地组织生态移民搬迁，加强基本农田建设和保护，积极开展土地整理，增加有效耕地面积，努力实现人均一亩口粮田。在移民安置区，不断拓宽农民就业和增收渠道。以市场为导向，以改善民生为目标，依托土地、光热资源和补灌工程，重点发展以特色种植为主要内容的设施农业和节水农业；大力实施禁牧舍饲，发展滩羊和肉牛等特色养殖业；以马铃薯、中药材和草畜等特色农产品开发为重点，培育农业产业化基地和龙头加工企业；坚持节约优先、保护优先、自然恢复为主的方针，着力推进绿色发展、循环发展、低碳发展，形成节约资源和保护环境的空间格局、产业结构、生产方式和生活方式。

第2章 战略定位

2.1 战略价值

大柳树生态经济区是我国承东启西、连接南北的战略要地，是同蒙古国、俄罗斯、中亚及阿拉伯国家交流合作的前沿，是我国西部地区自然资源富集、人文历史厚重、发展潜力巨大的区域。建设大柳树生态经济区关乎"建设美丽中国，实现中华民族永续发展""在发展中保护、在保护中发展""加快基础设施建设，提升发展保障能力""加强生态建设和环境保护，构筑国家生态安全屏障""夯实农业基础，统筹城乡发展""发展特色优势产业，增强自我发展能力"和"加强重点经济区开发，支持老少边地区发展"等多项战略部署，具有极为重要的战略价值。

2.1.1 西部大开发的重要板块

自从西部大开发战略实施以来，西北地区经济社会发展虽然取得了长足进步，但与东部地区的差距仍在扩大。交通基础设施落后、水资源短缺和生态环境脆弱的不利因素依然存在，经济结构不合理、造血机能不强的状况仍亟待改善，贫困人口多、社会保障能力弱的问题依然突出，加强民族团结、维护边疆稳定的任务依旧繁重。总之，西北地区作为我国区域发展的"短板"，是我国扶贫开发的主要对象，是全面建设小康社会的难点和重点。大柳树生态经济区作为西部大开发的重要版块，其战略意义有以下几点。

（1）西部大开发的桥头堡

2013 年 12 月召开的中央城镇化工作会议指出，要在中西部有条件的地区，依靠市场力量和国家规划引导，逐步形成若干城市群，成为带动中西部地区发展的重要增长极。大柳树生态经济区处于我国中西部地区的接合地带，具有承东启西的中枢地位。独特的光热、土地资源及丰富的能源、矿产资源也为特色农业和工业的发展奠定了坚实的基础。因此，大柳树生态经济区既是西部大开发的关键地带，也有望成为缩小东西部地区差距的原动力和新的经济增长极。

（2）区域城乡统筹发展的重要支撑

《中共中央国务院关于深入实施西部大开发战略的若干意见》（中发〔2010〕11 号）指出，"三农"工作是西部大开发的重中之重，要坚持以工促农、以城带乡的方针，积极推进城镇化，统筹城乡发展。

大柳树生态经济区的建设有利于优化区域水资源配置利用，对改善当地农业生产条件、加强农村基础设施建设和提高农民收入水平等都具有关键作用。尤其是借助工程建设，有利于着力改变粗放发展模式，大规模地发展现代节水农牧业，大幅度降低农牧业用水总量。与之同时，继续推行当地业已实行的水权转换制度，既增加区域生态用水和工业用水存量，又为发展滴灌、喷灌、设施农业筹集所需资金，进而实现"以工哺农""以工促农"的良性循环。

（3）黄河"几"字湾的核心区域

黄河"几"字湾是黄河流经甘肃、宁夏、内蒙古、陕西、山西五省（区）形成的"几"字形环抱地带，该区包括此五省（区）接壤地带的庆阳、石嘴山、吴忠、鄂尔多斯、包头、乌海、巴彦淖尔、延安、榆林、大同、朔州、忻州、吕梁和临汾等 20 市和宁东能源化工基地，面积为 55.7 万 km² （包括大柳树生态经济区全境 32.33 万 km²），总人口为 4140 万人。这一地区兼具能源富集区、传统特色农牧区、边疆地区、革命老区、贫困人口相对集中地区、少数民族聚集区、民族文化的主要发祥区"七区合一"的显著特点，是优化我国经济区建设战略布局的重要版块。作为中国罕见的能源富集区，区内稀土储量约占全国总储量的 90%，煤炭探明储量约占全国总储量的 70%，煤层气探明地质储量约占全国煤层气总储量的 50%，天然气探明地质储量约占全国总储量的 38%，原油探明地质储量约占全国总储量的 12%，钠盐保有储量约占全国总储量的 70%。

改革开放近 40 年来，国家重点规划发展了长江三角洲、珠江三角洲和环渤海地区的经济区建设，有效地拉动了我国的经济增长和社会进步。但随着世界战略格局演变，以这三大经济区为主体推动国家经济持续发展的局限性正在凸显，我国急需构建经济发展的新战略腹地，形成新的国家经济增长极。黄河"几"字湾流域凭借其腹地区位优势和独有的能源、资源禀赋，有条件成为其他地区无法比拟的新的国家战略经济区。根据中国科学院编撰的《第四极——中国黄河几字湾战略经济区》，黄河"几"字湾作为我国内陆对西开放的试验区和连接欧亚大陆的桥头堡，以及向北开放的前沿阵地，有利于推动我国的"西进北上"战略，加强同蒙古国、俄罗斯的合作交流。黄河"几"字湾地区很有优势成为未来中国经济发展的第四极。

大柳树水利枢纽工程恰好处于黄河"几"字经济带龙头位置，而整个"几"字湾经济带囊括了大柳树水利枢纽工程覆盖区，可与大柳树水利枢纽工程遥相呼应，相得益彰。大柳树生态经济区是维系国家经济持续健康发展、保障国家能源安全的腹地经济区，是推动中俄蒙自由贸易区建设、促进国家实施"西进北上"战略、大周边经营共赢战略的关键地带，其建设成效决定着黄河"几"字湾战略经济区的前途。

（4）"一带一路"倡议实施的关键节点

习近平于 2013 年 9 月和 10 月先后提出建设"丝绸之路经济带"和"21世纪海上丝绸之路"的构想，其愿景是开创中国全方位对外开放新格局。"一带一路"充分依靠中国与有关国家既有的双边和多边机制，借助行之有效的区域合作平台，形成和平与发展新常态，不断拓展同世界各国特别是周边国家的互利合作。

"丝绸之路经济带"由习近平 2013 年在哈萨克斯坦纳扎尔巴耶夫大学演讲时提出，是在"古丝绸之路"概念基础上中国与中亚、西亚、北非、欧洲各国之间形成的新的经济发展区域，其在中国境内涵盖西北五省区（陕西、甘肃、青海、宁夏、新疆）和西南四省区市（重庆、四川、云南、广西）。

"丝绸之路经济带"总人口约 30 亿，东牵充满生机的亚太经济圈，西连实力雄厚的欧洲经济圈，被认为是"世界上最长、最具有发展潜力的经济大走廊"。该经济带地域辽阔，有丰富的矿产、能源、土地和旅游资源，被称为 21 世纪的战略能源和资源基地。受交通和自然条件的制约，经济带的发展水平与两端的经济圈存在巨大落差。因此，中亚、西亚各国希望扩展与中国的合作领域，在交通、邮电、纺织、食品、制药、化工、农产品加工、消费品生产和机械制造等行业得到中国的强力支持，并在农业发展、沙漠化防治、太阳能利用与环境保护等方面进行合作，为这块后备土地注入"养分"和"能量"。

大柳树生态经济区所在地区的地理环境状况与中亚及西亚等地区有诸多相似之处，如何在脆弱的自然生态条件下发展生产、保护生态是大柳树生态经济区与中亚、西亚各国互动交流、合作发展的共同话题，因而可以产生诸多科技交流、产业合作的机会，是推进"丝绸之路经济带"不可或缺的重要组成部分。同时，通过大柳树生态经济区建设，探索适合干旱半干旱地区生态农牧业的发展模式，进而将大柳树生态经济区建设成为在经济、社会、生态发展方面具有示范引领作用的典型区，为经济带其他国家或地区提供发展经验。因此，大柳树生态经济区是建设"丝绸之路经济带"的重要节点。

（5）中阿合作的重要窗口

进入 21 世纪以来，中国与阿拉伯国家的友好关系日渐紧密，战略合作不断强化，经贸投资快速增加，能源合作稳步推进，人文科技交流逐步深化。从 2010年以来，宁夏已成功举办了七届中国－阿拉伯国家博览会（原名为中阿经贸论坛），洽谈并签订了多个合作框架协议。目前中阿关系正向着全方位、多层次的方向发展，双方在彼此对外战略中的地位不断提升。

位于大柳树生态经济区的宁夏，与阿拉伯国家有着深厚的历史渊源，拥有相似的文化背景和地理特征，且同样面临着严重的水资源短缺、生态退化和经济发展滞后等问题。借助中国－阿拉伯国家博览会等渠道，宁夏可在多个领域为中阿经贸往来打开窗口：第一，作为我国清真牛羊肉主产区，可依托优质品牌进入国际清真食品市场；第二，中卫沙坡头的防沙治沙技术可为阿拉伯国家提供借鉴；第三，中医药目前在阿拉伯国家的受关注程度正逐步提升，宁夏可借此契机将当地优质的枸杞和甘草等中药材打入阿拉伯市场。此外，宁夏还可在节水技术和能源利用等方面与阿拉伯国家建立良好的合作关系。

中阿经贸交流不仅是中阿合作的窗口，也为中阿战略合作提供了物质基础，为实现战略合作目标增添新动力，对西部地区与阿拉伯国家的全面交流合作起到了引领和示范作用。

2.1.2 美丽西北的重要支撑

西北地区生态环境的主要问题是土地沙化、水土流失和地下水枯竭等。从长远看，大柳树生态经济区的建设可有效缓解和治理这些严峻的生态环境问题，推进区域生态环境建设，构筑我国西北地区重要的生态安全屏障。

（1）国家生态安全屏障的重要组成部分

《中共中央、国务院关于深入实施西部大开发战略的若干意见》（中发〔2010〕11 号）强调推进五大重点生态区综合治理。大柳树生态经济区横跨其中的西北草原荒漠化防治区和黄土高原水土保持区，是我国"两屏三带"生态安全战略格局的重要组成部分。

专栏二：西部重点生态区划分

西北草原荒漠化防治区：包括内蒙古草原、宁夏中部干旱带、石羊河流域、黑河流域、疏勒河流域、天山北麓和塔里木河上游等荒漠化防治区，涉及内蒙古、宁夏、甘肃、新疆四省区 122 个县（市、旗）及新疆生产建设兵团所属相关团场，总面积约为 151 万 km^2。

黄土高原水土保持区：包括陕西北部及中部、甘肃东中部和宁夏南部等水土保持区，涉及陕西、甘肃、宁夏三省（区）116 个县（市），总面积约为 28 万 km^2。

青藏高原江河水源涵养区：包括祁连山、环青海湖、青海三江源、四川西部和西藏东北部三江水源涵养区等，涉及西藏、青海、四川和甘肃四省区 61 个县（市），总面积约为 88 万 km^2。

西南石漠化防治区：包括贵州、云南东部、广西西北部和重庆东部等喀斯特石漠化防治区，涉及广西、云南、贵州和重庆四省（市、区）100 个县（市），总面积约为 27 万 km²。

重要森林生态功能区：包括秦巴山、武陵山、四川西南部、云南西北部、广西北部、西藏东南部高原边缘、新疆东北部和内蒙古东北部等森林综合保育区，涉及陕西、甘肃、四川、重庆、广西、云南、西藏、内蒙古、新疆九省（市、区）175 个县（市、旗）及新疆生产建设兵团所属相关团场，总面积约为 106 万 km²。

生态环境是经济基础的基础，生态安全则是经济安全、社会安全乃至国家安全的基础。国家实施西部大开发战略以来，始终将本区域的生态保护列为重点和切入点，投入了大量人力物力，启动了一批重点生态保护工程，林草植被得到一定程度的恢复，水土流失减少，风沙危害减轻，重点工程区生态环境显著改善，西北生态安全屏障功能得到了明显优化。然而，西北地区生态环境十分脆弱，经济社会发展对生态系统的压力不断加大，生态保护与建设的任务必将是长期而艰巨的。

大柳树生态经济区建成后，可获得以下几方面的成效：第一，通过改善水利设施和农业生产条件，特别是强力发展高效节水人工草场和节水农田，在宁蒙陕干旱风沙区形成与宁夏平原老灌区和内蒙古河套灌区连为一体，成为西北地区面积最大的生态农业绿洲。第二，灌溉渠系、水库淹没区及灌溉后低洼浅地形成的小型水库，将组成一个面积达数万公顷的湿地生态系统。第三，灌区内外大规模建设防护林及在有条件的地方退耕还林，将形成面积达百万公顷的森林生态系统。第四，有利于生态移民工程的推进，为沙化地区及黄河多沙粗沙区的退耕还林（草）、退牧还草创造有利条件，有效减轻生态脆弱地区的人口压力，改善生态环境。

建设大柳树生态经济区是国家生态安全的保障性工程。本区将从一个简单脆弱的荒漠草原生态系统演变为草原、森林、湿地、农田和城镇并存的复杂绿洲生态系统，在我国东西部之间形成 1000km 的绿色长廊，有效控制毛乌素沙地扩张，阻止巴丹吉林沙漠和腾格里沙漠汇合。此外，大幅度恢复退化草原、增加人工植被，可从源头上遏制沙尘暴的发生与发展。

（2）改善当地及周边地区生态环境的重要依托

根据黄河上中游生态建设现状及保护措施研究与相关材料分析，开发前，大柳树生态经济区内淡灰钙土植被类型为荒漠草原，主要由丛生小禾草和小半灌木共建种组成；退化草原的强旱生、超旱生小灌木、小半灌木成分增加，主要为猫头刺、老瓜头、骆驼蒿和隐子草等，覆盖度仅为 10%～20%；风沙土主要植被有唐古特白刺、中间锦鸡儿和油蒿等，覆盖度仅为 5%～15%；浮沙地有油蒿、甘草、苦豆子、老瓜头和沙柳等。开发后，一部分荒漠草原植被可被各种粮食作物、蔬菜、果树、防护林和人工草场等栽培植物取代，生物量大大提高，生物多样性显著增强。

大柳树生态经济区草原荒漠化和土壤盐渍化严重，湿地萎缩和生物多样性降低，水土流失形势严峻。生态经济区的建设将推动区内各地严格按照主体功能定位发展，构建科学合理的农牧业发展格局和生态安全格局。其中，在水土保持型区内：大力推行节水灌溉和雨水集蓄利用，发展节水农业；加强小流域综合治理，实行封山禁牧，恢复退化植被；拓宽农民增收渠道，解决农民长远生计；限制陡坡垦殖和超载过牧，巩固水土流失治理、退耕还林、退牧还草成效。在防风固沙型区内：转变畜牧业生产方式，实行禁牧休牧，推行舍饲圈养，以草定畜，严格控制载畜量；加大退耕还林、退牧还草力度，恢复草原植被；对主要沙尘源区、沙尘暴频发区实行封禁管理。经济区的建设可有效保护 30 多万 km^2 荒漠草原，加快本区水土流失和土地沙化的治理进度，改变黄土丘陵、沙地和沙漠恶劣的生态环境，让昔日广袤的荒芜之地变成富饶繁荣的农林牧发达之区，大幅度减少入黄泥沙。

2.1.3 国家能源安全和粮食安全的重要保障

依据《全国主体功能区规划》（国发〔2010〕46 号）和《中华人民共和国国民经济和社会发展第十三个五年规划纲要》，鄂尔多斯和陕北榆林是北方重要的能源化工基地和农畜产品加工基地，宁夏沿黄经济区是国家重点开发建设的 18 个主体功能区之一，是全国重要的能源化工和新材料基地、特色农产品加工基地和区域性商贸物流中心。因此，包括宁东、陕北、鄂尔多斯能源基地及宁夏平原与内蒙古河套平原等区域的大柳树生态经济区，作为我国重要的能源基地及重要的清真食品、穆斯林用品和特色农畜产品加工基地，对保障国家能源安全和粮食安全具有重大意义。

（1）国家能源安全的重要保障

国家《能源发展"十三五"规划》明确提出，加强能源资源勘探开发，增强能源储备应急能力，构建多轮驱动的能源供应体系，保持能源充足稳定供应；增强国内油气供给保障能力，加强煤制油气等战略技术储备，统筹利用"两个市场，两种资源"，构建多元安全保障体系，确保国家能源安全。大柳树水利工程覆盖区正在规划建设的鄂尔多斯盆地能源化工"金三角"和甘肃平凉、庆阳能源化工基地，是我国"西煤东运、西电东送、西气东输"的供给地和补给地，是保障国家能源安全的战略要地。

宁夏沿黄经济区、鄂尔多斯地区和榆林地区这一"国家能源金三角"，2010

年探明煤炭储量 3100 亿 t、石油储量 99 亿 t、天然气储量 10 万 m³，煤炭、天然气探明储量分别占全国总量的 43%、29%。已探明的煤炭储量占全国总储量的 30% 以上，是我国未来重要的能源化工基地。然而，水资源短缺是能源开发的刚性制约。依靠大柳树生态经济区建设，通过合理配置和高效利用黄河水资源，可为"国家能源金三角"提供必要的水资源支撑，从而加快陕西、甘肃、宁夏、内蒙古"国家能源金三角"建设。在充分开发河段水能资源的同时，可增加黄河上游梯级电站保证出力 164 万 kW，年增加发电 35.2 亿 kW·h，并充分发挥工程区位优势，实现区域水、火、风电"打捆"外送，保证"西电东送"战略实施，保障国家能源安全和经济安全。

（2）国家粮食安全的重要保障

我国粮食安全面临着稳定增产难度加大、农产品进出口贸易连续多年逆差、大豆和棉花进口量逐年增加及农副产品价格上涨等突出问题。从发展趋势看，受人口、耕地、水资源、气候、能源和国际市场等因素变化影响，上述趋势难以在短期实现逆转，我国粮食安全已经面临严峻挑战。

随着人口增加和国民生活水平的提高，我国粮食需求将继续呈刚性增长，加之存在粮食品种和区域结构性等问题，产量低于需求的缺口会不断扩大，维持粮食供求平衡难度将进一步加大。而目前国际粮源紧张，市场也存在诸多不确定因素，弥补国内粮食缺口的空间有限且不稳定。上述因素迫使我国必须立足实现粮食的基本自给。

据《中国的粮食问题》白皮书预测，到 2020 年，中国人口将达 14.3 亿人，粮食需求将达 58 500 万～59 200 万 t，届时国内粮食供应缺口将达 4000 万～5000 万 t。另据有关学者研究，到 2030 年，因人口增长和粮食产量下降，中国将缺粮达到 2.07 亿 t。目前全国耕地保有量为 18.18 亿亩，仅占世界耕地面积的 9%；全国人均耕地面积为 1.38 亩，约为世界平均水平的 40%；水浇地更为紧缺，只有 9.16 亿亩。耕地亩均水资源占有量不足世界平均水平的 1/2。农业基本资源的短缺，直接影响我国粮食生产能力。未来随着工业化和城镇化进程的快速推进，耕地将继续减少，尤其是东南沿海区域粮食播种面积快速降低，开发宜耕后备土地资源仍是安邦定国的头等大事。

水利部前部长杨振怀等指出，中国后备耕地资源主要包括黑龙江的三江平原、新疆和规划中的大柳树生态经济区。前两者受制于湿地保护和脆弱生态环境，难以实施大规模农牧业开发，只有大柳树生态经济区最具开发可行性。大柳树生态经济区建成后，近期可发展生态灌区 600 万亩（其中，宁夏 300 万亩，内蒙古、陕西、甘肃各 100 万亩），远期可发展生态灌区 2000 万亩（其中，宁夏 640 万亩，内蒙古 960 万亩，陕西 300 万亩，甘肃 100 万亩）。应急状态下，大柳树生态灌区除去防护林和经果林面积，1473 万亩可全部用于粮食种植。按照灌区规划农业生产布局，灌区农作物及饲草种植面积达到 1473 万亩，年可生产小麦与玉米等粮食作物 319 万 t，生产瓜菜 162 万 t，提供青干草 1108 万 t。按照全国退耕还林还草政策折粮系数计算，灌区可提供标准粮（小麦）1044 万 t。正如 2002 年 5 月中国工程院院士石玉林在大柳树灌区考察时所指出：大柳树新灌区将宁夏平原老灌区和内蒙古河套灌区连在一起，将构成我国西部一个重要的大农业基地，其战略意义深远。

2.1.4 贫困地区的重要民生工程

大柳树水利工程的建设，可以极大地改善缺水地区的生境条件，解决贫困地区人畜饮水和脱贫致富问题。

（1）区域扶贫开发的重要载体

大柳树生态灌区生态恶劣，旱灾频繁，沙地广布，经济落后，人民生活贫困，有"苦瘠甲于天下"之称。尽管 30 多年来国家实施扶贫开发已经取得瞩目成就，极大地改善了人民生活，但仍有 100 多万贫困人口，部分地区长期存在"生态难民"。作为经济欠发达地区、革命老区和少数民族聚居区，这里是国家长期扶贫开发的重点区域。

2012 年 3 月 19 日国务院扶贫开发领导小组发布的《国家扶贫开发工作重点县名单》中，大柳树生态经济区内辖有 20 个国家扶贫开发工作重点县，是中国农村扶贫开发的重点区域。而针对目前的贫困问题，采用现有的扶贫方法难以见效。开展高扬程、大规模的扶贫移民工程，难度大、见效慢。继续开展生态移民，地域空间已经十分有限。必须采取非常措施，开辟新的移民发展空间。在这样的背景下，大柳树生态灌区建设尤为迫切。

在大柳树生态经济区内可通过水利工程建设实施"生态移民"，进行灌区建设，发展生态绿洲农业，从而改善人民生活，区内已经有兴井滩和红寺堡等成功的建设经验。还可以通过农田水利建设，发展节水农业，兴建如引黄灌溉、井窖集水及库坝建设等工程，以提高水资源的利用率，解决人畜饮水困难。

此外，大柳树生态经济区建设可有效提高耕地（草场）质量，增加有效灌溉面积，促进防风固沙、水土保持、小流域治理和片区综合开发，增强该区域抵御自然灾害能力，改善脆弱的生态环境，从而夯实未来经济社会稳步发展的基础。

（2）少数民族地区重要的民生工程

目前，宁夏、内蒙古、陕西、甘肃四省（区）尚有数百万农村人口饮水安全得不到保障。该区在农村饮水安全方面存在的主要问题是地表水、地下水资源奇缺，且多属高矿化水、高氟水，供水工程标准低，加之缺乏水处理设施，饮水水量和水质均无保证。自 20 世纪 70 年代起，在国家的大力支持下，四省（区）先后建设了固海、盐环定、扶贫扬黄、李井滩、景电和兴电等一大批扬黄灌溉工程，有效解决了部分贫困群众的饮水和生产问题。但由于工程高扬远送，灌溉用水成本高昂，地方财政负担重，工程运行窘迫，投入产出效益甚至为负。

大柳树水利枢纽高坝大库建成后，可有效缓解农村饮水之困。通过改水防病，还可消除氟中毒之患。依托现有扬水工程的改造延伸，扩大人饮供水范围，从根本上改善区域内数百万贫困群众"喝不上水、喝不起水、喝不上好水"的状况。同时，宁夏、内蒙古、陕西、甘肃四省（区）的 130 万亩扬水灌区可以实现自流灌溉，270 万亩扬水灌区降低扬程 15～160m，每年可节省扬水用电 8.5 亿 kW·h，减少电费支出近 3 亿元，减轻农民负担。这些措施可以显著改善该地区的生产、生活条件，提高人民的生活水平，改善民生现状。

2.2 发 展 方 向

大柳树生态经济区涉及陕西、甘肃、宁夏、内蒙古四省（区），生态环境脆弱，水资源奇缺，少数民族聚居，贫困问题突出，但当地光热及土地条件优越，有水就有绿洲，其引黄灌溉历史悠久，成效显著。历史经验表明：该地区生态环境及社会经济能否良性发展取决于其开发方式。同时，大柳树生态经济区又位于我国中西部结合地带，是对外交流与合作的前沿阵地，也是我国自然资源富集、人文历史深厚、发展潜力巨大的地区。建设大柳树生态经济区，在推进西部大开发、治理西北重大生态环境问题、保障国家能源安全和粮食安全、改善贫困地区民生方面，具有重要的战略价值。党的十八大报告指出："建设生态文明，是关系人民福祉、关乎民族未来的长远大计。面对资源约束趋紧、环境污染严重、生态系统退化的严峻形势，必须树立尊重自然、顺应自然、保护自然的生态文明理念。"大柳树生态经济区的建设作为西部大开发战略的重要组成部分，必须以资源环境承载力为基础、以自然规律为准则、以可持续发展为目标，建设资源节约型、环境友好型新灌区。

从自然支撑条件看，大柳树生态经济区地处西北干旱区东缘，我国八大沙漠中的腾格里、乌兰布和、库布齐沙漠及四大沙地之一的毛乌素沙地都位于经济区范围内，此外，巴丹吉林沙漠也紧邻大柳树生态经济区。因此，当地生态环境脆弱，水资源极度短缺，加上不合理的人为活动，致使本地区土地荒漠化严重，既是北方农牧交错生态脆弱区和西北荒漠绿洲交接生态脆弱区，也是水土保持型和防风固沙型生态功能区。

从社会经济发展基础看，2012 年地区生产总值为 10 457.23 亿元，农民人均纯收入为 4200～12 500 元，城镇居民人均可支配收入为 11 400～30 400 元；三次产业就业结构为 47：25：28；城镇化率为 44.90%，与全国平均水平有较大差距。

由于干旱缺水，生态恶化，宁蒙陕甘四省（区）均存在为数众多的"生态难民"，社会发展存在"生态贫困"和"人口贫困"的恶性循环。

党的十九大报告明确了决胜全面建成小康社会的重大任务，开启了全面建设社会主义现代化强国新征程，指明了中华民族伟大复兴的前进方向，明确实施区域协调发展战略，坚决打赢脱贫攻坚战。加大力度支持革命老区、民族地区、边疆地区、贫困地区加快发展，强化举措推进西部大开发形成新格局。统筹推进经济建设、政治建设、文化建设、社会建设、生态文明建设，坚定实施科教兴国战略、人才强国战略、创新驱动发展战略、乡村振兴战略、区域协调发展战略、可持续发展战略、军民融合发展战略，突出抓重点、补短板、强弱项，特别是要坚决打好防范化解重大风险、精准脱贫、污染防治的攻坚战，使全面建成小康社会得到人民认可、经得起历史检验。《西部大开发"十三五"规划》（发改西部〔2017〕89 号）进一步指出：西部地区既是打赢脱贫攻坚战、全面建成小康社会的重点难点，也是我国发展重要回旋余地和提升全国平均发展水平的巨大潜力所在，是推进东西双向开放、构建全方位对外开放新格局的前沿，在区域发展总体战略中具有优先地位。大柳树生态经济区作为西部地区相对落后地区，已经进入爬坡过坎、转型升级的关键阶段，必须深入实施西部大开发战略，坚持发展第一要务，全面深化改革和扩大开放，以提高发展质量和效益为中心，深刻认识、准确把握新形势新任务新要求，充分用好重要战略机遇期，努力开创大柳树生态经济区发展新局面。

在社会经济发展新形势下，以大柳树水利枢纽工程为依托的生态经济区可在水资源总量不增加的前提下，形成 600 万亩新绿洲，远景依托南水北调西线工程水资源的补给，预计可形成 2000 万亩新绿洲。这将在很大程度上改善甘肃、宁夏、陕西、内蒙古四省（区）脆弱的生态环境，推进西北草原荒漠化防治区和黄土高原水土保持区的生态建设，构筑西部绿色生态屏障；优化经济区辐射范围内的水资源配置，保障宁东、榆林和鄂尔多斯等能源基地的水资源供应；提升宁夏沿黄经济区、陕甘宁经济区、六盘山集中连片特困地区及内蒙古和宁夏少数民族地区等区域的可持续发展能力。

总之，大柳树生态经济区是融生态修复、绿洲农业、能源开发、扶贫解困和新型城镇化等多重发展战略于一体的区域性开发建设工程，是西部大开发战略的重要组成部分。

第3章　区域农牧业开发的历史经验和启迪

3.1　区域农牧业开发活动变迁

自秦汉发展至今的宁夏引黄灌区是我国最著名的大型古老灌区之一，也是西北干旱半干旱区四大自流灌区之一。没有历史上的引黄灌溉，就没有今天的"塞上江南"。宁夏周边的河西、阿拉善、内蒙古河套、毛乌素沙地，历史上也有著名的河西、河套灌区，与宁夏平原一样，皆以水土资源开发为核心。鉴此，本节主要以宁夏为典型对其农牧业开发过程进行梳理。

纵观历史，宁夏及周边地区的农牧业开发活动曾出现过秦汉、盛唐、清前期三次开发高峰，这里以三次开发高峰为节点，将农牧业开发历史分成三个阶段，即秦汉—魏晋南北朝、隋唐—宋元、明清以来，分别进行阐述。

3.1.1　农业开发第一阶段：秦汉—南北朝

（1）秦汉时期

进入战国时代以后，伴随着铁农具的普及和封建制度的形成，我国古代农业进入成熟阶段，在作物种类、农业工具、农田管护、灌溉技术和物候知识等方面都较为完善，为中国封建社会的强盛奠定了重要的基础。

秦汉时代的气候温暖期为农业生产的发展提供了良好的自然环境。大柳树生态经济区的早期农业开发正肇始于这一时期（张维慎，2002）。

战国时期，世居北方地区的匈奴族崛起，他们越过阴山，饮马黄河，驻牧河套平原。古河套称"河南地"，因其在黄河主流——北河（今乌加河河道）以南而得名（张维慎，2012）。秦始皇统一六国之后，为了抵御北方匈奴对关中地区的威胁，派大将蒙恬取河南地、筑长城、设郡县，为当地农业开发提供了相对安定的社会环境。但是，秦王朝对该区域农业开发的规模不大，以"移民形式"出现的农业开发只局限在县治和军事据点周围，且仅维持了短短数年，并未对生态环境造成重大破坏（汪一鸣，1983）。秦末楚汉相争之际，戍边者皆离去，边防空虚，匈奴伺机南下，河南地再度落入匈奴的势力范围。秦时修筑的水利设施随之损毁，农业生产中断。到汉武帝时，国力增强，足以打击匈奴。汉军经过河南之战、河西之战、漠北之战三大战役，将匈奴击溃，随之开始了大规模的农垦开发和兴修水利事业。公元前127年，卫青北伐，"击胡之楼烦、白羊王于河南，得胡首虏数千，牛羊百余万。于是汉遂取河南地，筑朔方，复缮故秦时蒙恬所为塞，因河为固"[①]。这次讨伐旗开得胜，直接促成了之后北伐的胜利。最终，北方局势稳定，"是后匈奴远遁，而幕南无王庭。汉度河自朔方以西至令居，往往通渠置田官，吏卒五六万人，稍蚕食，地接匈奴以北"[②]，河套地区成为西汉稳固的边疆。

汉武帝时期，水利建设作为发展农业的基础受到国家的高度重视。"上曰：'农，天下之本也。泉流灌寖，所以育五谷也。左、右内史地，名山川原甚众，细民未知其利，故为通沟渎，畜陂泽，所以备旱也。今内史稻田租挈重，不与郡同，议其减。令吏民勉农，尽地利，平繇行水，勿使失时'"[③]。

数万人大兴水利，热火朝天。"朔方亦穿渠，作者数万人"[④]。"自是之后，用事者争言水利。朔方、西河、河西、酒泉皆引河及川谷以溉田"[⑤]。西汉王朝不但开设军屯，还数次向西北边地移民，入套垦殖。创始于西汉元狩年间（公元前122～公元前117年）的引黄灌渠，是西北干旱区最早的大型水利工程。灌区主要在银南卫宁平原及银川平原的河东河西，共计有引黄渠道10条，灌溉面积最高曾达到50万亩（合现制市亩），加之铁农具和耕牛的广泛使用，农业生产水平已经可以媲美当时最富庶的关中地区[⑥]。其间，政府在重农重粮的同时加强军马饲养，畜牧业大发展，形成了有灌溉条件的地区农牧兼营、没有灌溉条件的地区发展游牧业及军马场的格局。农牧结合的复合型生态系统，开创了汉代西北旱区农耕和畜牧业并重的繁盛局面。

西汉时期在大柳树生态经济区的开发活动主要以军屯方式进行，为满足军需，追求短期效应，除了兴修水利之外，其耕作方式非常粗放，加之铁制农具的普及，对天然植被造成了一定的破坏，但程度不大。东汉以后，随着黄河上中游地区重新成为游牧民族的家园，之前粗放的屯田活动也随之被游牧经济取代（蔡博峰等，2002），因此，这里再度出现了"水草丰美，土宜产牧"的自然景象。

到了东汉末期尤其是三国时期，政治动荡，群雄逐鹿，社会极度混乱，民不聊生，西北边地因而农业衰败，平原引黄、农垦系统无可避免地遭受了严重破坏。两汉灌溉农业的衰落阶段，也就是农田生态系统平衡失调以至受到严重破坏的时期，而战争则是破坏生态平衡的"拨机"（汪一鸣，2005a）。

秦汉时期的农牧业开发，仍然是在机械地适应当时的生态环境，人类活动基

---

① 司马迁. 史记，卷一一零，匈奴列传第五十。
② 班固. 汉书，卷九十四上，匈奴列传第六十四上。
③ 班固. 汉书，卷二十九，沟洫志第九。
④ 司马迁. 史记，卷三十，平准书第八。
⑤ 司马迁. 史记，卷二十九，河渠书第七。
⑥ 司马迁. 史记，卷三十，平准书第八。

本受制于自然条件的主导,表现为"顺应型"的开发过程。农牧业开发活动对生态环境的影响非常微弱。总体而言,汉代该区域灌溉农业的兴衰主要由社会环境安定与否所决定。西汉和东汉的全盛时代,引黄灌区边防稳固、社会安定,农业开发稳定发展分别持续了 130 余年和 60 余年。

(2)魏晋南北朝时期

魏晋南北朝是我国历史上显著的气候寒冷期(竺可桢,1972),这对北方生态脆弱地区游牧民族的生存造成严重胁迫。面对自然环境恶化的压力,北方少数民族政权的扩张欲望增强,屡屡举兵南下,导致内地出现"五胡乱华"的纷争局面。这种持久、频繁、大规模的战乱,使得两汉时期在西北边地修筑的水利设施及灌溉农业系统遭到了严重破坏(杨新才和普鸿礼,1974)。随着游牧民族的进入,汉族移民营建的灌溉农业系统荒废,昔日阡陌纵横、青烟袅袅之地呈现半农半牧状态,传统的游牧业生产方式复归主流,农垦灌溉随之萎缩或湮废。

北魏结束了北方黄河流域长达 200 余年的割据战争局面后,社会日渐安定,农业发展开始恢复。刁雍在富平县(今吴忠市西南)旧渠下另开新口,于沙洲筑坝,分河水入河西渠道,溉田 4 万余顷,史称艾山渠①,渠成,输运军粮至今内蒙古五原县,灌区发展到青铜峡以下黄河两岸,农业经济得以中兴。北魏末年,政治腐败,战乱再起,加之低温和干旱等自然灾害,农业发展再度处于停滞状态。

公元 556 年,北周取代西魏。北周政府往怀远(今银川市东郊)和灵州(今吴忠市)等地迁入大批江南移民。灵州"本杂羌戎之俗。后周宣政二年破秦将吴明彻,迁其人于灵州,其江左之人崇礼好学,习俗相化。因谓之'塞北江南'"②。由于北周施行均田制和府兵制,促成了各民族和平相处,社会稳定,经济发展。"所以自行'均田',而经济上贵族与庶民的不平等取消;自行'府兵',而种族上胡人与汉人的隔阂取消。北方社会上两大问题,皆有了较合理的解决。中国的农民,开始再有其地位,而北周亦遂以此完成其统一复兴的大任务"(钱穆,1994)。因此,灌溉农垦大举拓展,宁夏平原农牧业繁盛。"怀远镇。本河外县城,西至贺兰山六十里,咸平中陷,今为伪兴州旧管,盐池(三管)蕃部七族置巡检使七员,以本族酋长为之。有水田菜园,本赫连勃勃菜园。置堰分河水溉田,号为'塞北江南'即此地"③。

至此,宁夏平原有了"塞北江南"之美誉,这一方面是因为有大量的移民来自江南地区,另一方面也是因为灌溉农业的发展使其呈现出了江南的景象。北周时期宁夏及河套地区农牧业与生态的协调发展,为隋唐农牧业的大繁荣奠定了基础。

---

① 北齐·魏收.《魏书》,卷 38《刁雍传》。
② 乐史. 太平寰宇记,卷三十六闢道道十二. 清文渊阁四库全书补配古逸丛书景宋本。
③ 曾公亮. 武经总要,前集卷十八下. 清文渊阁四库全书本。

3.1.2 农业开发第二阶段：隋唐—宋元

（1）隋唐时期

隋唐时期，我国气候再次进入温暖期，平均气温高于当今 1～2℃（竺可桢，1972）。建立于公元 581 年的隋朝，着力经营河套农业，先后在套区设置灵武、盐川、朔方、五原、榆林五郡（州），领县十八，各郡（州）皆积极发展灌溉农业。

隋王朝为了抵御突厥内侵，修筑长城，客观上划定了牧业区与半农半牧区的分界线。根据《隋书》①记载："……平徭赋，仓廪实，法令行，君子咸乐其生，小人各安其业，强无陵弱，众不暴寡，人物殷阜，朝野欢娱，二十年间天下无事，区宇之内宴如也。"这样的社会背景使得农业有了长足的发展，人口也稳步增加。大业五年（609 年），除稽胡的一万户以外，平凉（今宁夏固原）、灵武（今宁夏吴忠）两郡合计人口达 34 325 户。

唐初，强力发展农业，宽舒民力。公元 623 年（武德六年），唐高祖李渊颁布劝农诏，"朕膺图驭极，廓清四海，安（辑）遗民。期于宁济，劝农务本，蠲其力役然"②。次年又颁布均田令，计口授田，加速荒地开辟。同时改革租役制度，创行了租庸调制。唐前期实行府兵制，寓兵于民，驻军将士于征战戍边之余，就地垦种。这种军民合一的屯垦戍边模式，实现了生产、生活、戍边的"共赢"。但"安史之乱"发生后，北方边地因饱尝其乱，屯军失散，政府不得不以民屯、罪屯取而代之。

盛唐时期，宁夏灌区再度得到恢复，其范围扩展到今灵武、永宁和贺兰等银川平原中部地区，时有薄骨律渠、胡渠和御史渠等十数条灌溉水渠，"山之东，河之西，有平田数千顷，可引水灌溉。如尽收地利，足以赡给军储。"内蒙古傍河一带掘成感应、永清、棱阳三渠，"溉田数百顷至四千八百顷之多，岁收谷四十余万解，边防永赖，士马饱腾。"③贞元七年在夏州朔方县境（今乌审旗白城子一带）开延化渠，"引乌水入库狄泽，溉田二百顷。"④

总之，唐朝的引黄灌溉在北魏、北周和隋代的基础上得到进一步发展和完善，农业开发再起高潮。在宁夏，唐代灌溉面积超过秦汉，形成了宁北农业为主、宁南畜牧为主的基本格局。据分析，"安史之乱"发生后，唐王朝正是依靠宁夏粮草起兵，才得以平息叛乱，恢复中央统治（图3-1）。

---

① 唐·魏征《隋书》卷 2《帝纪第二·高祖下》。
② 宋敏求. 唐大诏令集. 卷一百十一政事. 民国适园丛书刊明钞本。
③ 清·陈履中. 《河套志》。
④ 北宋·宋祁，欧阳修，范镇，吕夏卿，等. 《新唐书·地理志》。

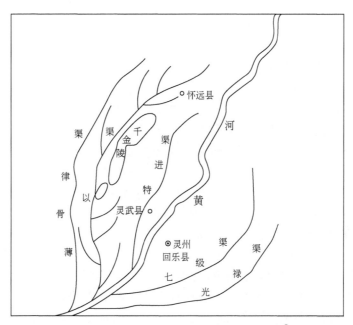

图 3-1 唐朝时期宁夏引黄灌区渠道示意图[①]

（2）宋元时期

公元 800～1000 年，是唐末至北宋初的降温期，也是中国历史上又一次大规模的战乱期。

北宋时期，全国始终笼罩于民族矛盾的阴影之中，西北边防战事连连。宋仁宗时期，从事边防活动的禁军达 125 万，其中，为防御西夏入侵而长年驻扎在宋夏边境的禁军即达二三十万之众，此外还有十四五万乡兵。巨大的军需开支，迫使北宋政府在西北地区制定和推行屯田、营田和官庄等国有农业机制，对荒地进行大面积的开垦，经济开发活动十分活跃。宋太祖对全国下垦荒令云："民能树艺、开垦者不加征，令佐能劝来者受赏。"[②]当时的战士具备"入耕出战，技艺精强"的技能，边境各族大规模垦荒，形成了且耕且守的新部署。中央政府还曾一度于灵州及清远军（今盐池县）屯田，但因后者环境恶劣而告失败。

西夏国是一个重宗教而轻修史的国家，因而修渠引黄之事没有直接记录。元朝建立之初，水利专家郭守敬奉命来到宁夏，勘察西夏河渠，时公元 1264 年 5 月，去夏亡国仅 37 年。而这期间兵荒马乱，渠系淤废，"西夏兴复濒河诸渠……兵乱以来，废坏淤浅"[③]，无论新的水利建设。由此可以认为，郭守敬所见即为西夏时期运行的渠道。"先是，西夏濒河五州皆有古渠。其在中兴州者，一名唐来，

---

① 图片来源：宁夏水利博物馆。
② 元·脱脱，阿鲁图.《宋史》卷二。
③ 齐履谦. 元文类，国朝文类，卷五十知，太史院事郭公行状. 四部丛刊景元至正本。

长袤四百里；一名汉延，长袤二百五十里。其余四州又有正渠十，长袤各二百里。支渠大小共六十八，计溉田九万余顷"①。唐徕渠和汉延渠的情况亦见于宋代史籍："兴、灵则有古渠，曰唐来、曰汉源，皆支引黄河。故灌溉之利，岁无旱涝之虞"②。此外，在贺兰山东麓，西夏开凿了一条"昊王渠"。"靖虏渠，元昊废渠，也旧名李王渠。南北长三百余里。……一以绝虏寇，一以兴水利。但石坚不可凿，沙不可浚，财耗力困竟不能成，仍为废渠"③。昊王渠位于地势较高的洪积扇上，引水困难，加之时有山洪破坏，因而河道为沙石淤塞，即便到了明代也难以修浚。有关专家比较核实了唐、宋、元、明等时期的文献，认为西夏时期银川平原河西有唐徕渠和汉延渠，河东有秦家渠、汉伯渠，卫宁平原有七星渠、羚羊渠、蜘蛛渠、石空渠、白渠、枣园渠、中渠（汪一鸣，2005b），并昊王渠共计 12 条干渠。当时的宁夏平原灌溉发达，达到了新的高峰。

公元 1227 年，西夏灭亡，残酷的战争使经济社会遭到浩劫，苦心营建的水利设施毁坏殆尽。元世祖忽必烈即位，决定重修水利，重振农业。为此，有元一代，国家设立司农司，专管农桑水利，并在各主要河渠设置河渠司，制定分配灌溉用水的规则，并监督实施（曾雄牛，2014）。虽然原西夏灌区受到战乱摧毁，但水利专家郭守敬主持修复了宁夏灌区，宁南、宁北灌区均有进一步扩展，农牧业得以复合发展。"古渠在中兴者……兵乱以来，废坏淤浅。守敬更立闸堰，皆复其旧"④。郭守敬创造性地引入了水坝、水闸以调节水流：旱则引水入田，收灌溉之利；涝则关闭闸门，以免农田被淹。这一伟大创举至今仍在造福引黄灌区的百姓。

伴随着水利事业的恢复，屯垦得以发展。"中统元年，世祖即位……朵儿赤见于香阁……授中兴路新民总管。至官三载，赋额倍增，转营田使……（至元十一年）立宁夏营田司屯田，及宁夏路放良官屯田"⑤。元初，陕甘两省在西北屯田之始，可统计的屯田面积就达 1.2 万顷以上（马志荣，2000）。元代的军屯民垦取得了显著成效，有力地推动了农业经济的发展，粮食不仅自给自足，还有余粮外运。公元 1290 年（至元二十七年），"辛已太白犯斗，只深所部八鲁剌思等饥，命宁夏路给米三千石赈之"⑥。

元中期以后，西北诸王叛乱，元世祖命"立河西屯田，给耕具，遣官领之"⑦，对在河西走廊地区设置的屯田十分重视。

---

① 苏天爵. 元名臣事略，卷九. 清文渊阁四库全书本。
② 脱脱. 宋史，卷四百八十六，列传第二百四十五. 清乾隆武英殿刻本。
③ 管律.（嘉靖）宁夏新志，卷一. 明嘉靖刻本。
④ 宋濂. 元史，卷一百六十四，列传第五十一. 清乾隆武英殿刻本。
⑤ 张君约. 1939. 历代屯田考二册. 北平：商务印书馆。
⑥ 宋濂. 元史，卷十六，本纪第十六. 清乾隆武英殿刻本。
⑦ 明·宋濂，王祎，等.《元史》，卷十。

3.1.3 农业开发第三阶段：明清以来

明初宁夏灌区大致维系了西夏、元代的引黄规模。军屯迅猛扩展，农垦进展，延及宁东，牧业渐趋萎缩，牧消农长。屯田戍边，首要之务便是兴修水利。"西北之地，旱则赤地千里，潦则洪流万顷……惟水利兴，而后旱潦有备其利也"[①]。惟有兴修水利，才能保证旱涝无忧。有明一代，宁夏的水利建设的重心仍是整饬修葺旧有渠系，以此为基础再进一步扩大和发展引黄灌溉。明初，太祖皇帝重点发展水利事业，派人到全国各地监督实行。"在宁夏，明英宗时始设水利提举司，专管水利事宜。同时，明政府还常派水利御史为巡视官至宁夏巡察水利得失"（吕卓民，1997）。"设宁夏、甘州二河渠提举司。丙午上巡近郊，五日还"[②]。在一系列政策措施的推动之下，经过半个多世纪的疏浚整治，除了早废的昊王渠，前代旧渠全部重新运行。据《宣德宁夏志》所载，当时宁夏各渠系的灌溉面积达到了约 120 万亩。此外，明代在卫宁平原还陆续开挖了一些新渠，如羚羊角渠、贴渠、羚羊寿渠、柳青渠和通济渠等。

清初，康熙征伐噶尔丹，宁夏再成生产、屯兵、储粮、资运出兵的关键地区。清代在宁夏平原的扩大开发，仍然以恢复和发展水利为重。《清实录·世宗雍正帝实录·卷一百一十四》载，公元 1732 年 2 月（雍正十年正月），雍正皇帝诏喻内阁："宁夏为甘省要地，渠工乃水利攸关，万姓资生之策莫先于此。是以朕特遣大臣督率官员等开浚惠农、昌润二渠，又命修理大清、汉、唐三渠"。清初，银川平原新开渠道三条，即大清渠、惠农渠和昌润渠。清代一方面开挖新渠，另一方面修浚旧渠道，同时加强了新渠的管护。清代的水利事业较明代更为发达，这不仅是因为新开灌渠比明代数量多、规模大，而且还表现在改造与修浚旧渠时广泛地以石代木，修浚次数比明代增多，成效也更加明显（左书谔，1988）。有清一代，在宁夏平原形成了以大清渠、惠农渠、昌润渠、唐徕渠和汉延渠五大干渠为主的灌溉网络。灌区延伸到银北平原的宁朔和平罗等之前未曾开发之地，形成了较为完善的灌溉系统，奠定了近代农业灌溉的规模。林业和畜牧业则遂告衰落，曾经的农林牧复合型发展模式逐渐演化成以农业为核心的发展模式。

民国年间，宁夏灌区仍得以维系，并引进了近代水利灌溉工程技术和管理模式，形成了河东、河西和卫宁三大灌区（图3-2）。

---

① 陈子龙. 明经世文编，卷三百九十八. 明崇祯平露堂刻本。
② 傅维鳞. 明书，卷七，本纪五. 清畿辅丛书本。

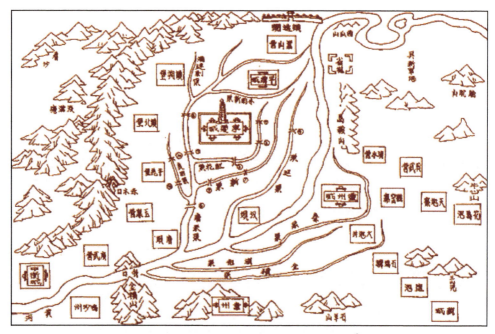

图 3-2　明代宁夏黄河水道渠系布局一览图[①]

　　内蒙古套区的开发过程较为复杂。清初开始，后套北面的黄河干流与南面的支流发生了置换，由于地势西南高东北低，黄河改道使得后套地区位于黄河干流的北面，客观上为大规模农业开发创造了良好的灌溉条件（郝志成，2007）。乾隆四年（公元 1739 年）以前，清廷虽然对蒙汉交往心有余悸，但迫于发展经济的需要，对蒙地垦殖采取了默许甚或鼓励的态度。于是，华北、晋北和陕北等地的失地农民成群结队，入套耕种。19 世纪后半叶，"旅蒙地商"崛起，他们和蒙古上层结为一体，凭借其雄厚的经济实力，以永租地或短租地的形式，开垦了阴山长城之间大片草场，使原来分散的农田迅速扩展成片，该地区遂演变成以农为主的农牧交错区。清道光年间，后套地区开垦面积已达 1200 余顷。道光之后，后套进入全面开垦时代。1900 年，灌区规模基本形成，黄济渠和永济渠等十大干渠先后挖通引水，灌溉面积达 100 万亩以上。至中华人民共和国成立，后套灌溉面积已达 300 万亩以上（王毓瑚，1980）。

　　中华人民共和国成立后，青铜峡水利枢纽工程和扬黄工程的建成，改变了历史上绵延两千年的自流引水模式，宁夏灌区得到了大幅度的扩展，形成了农林牧结合的生态系统。20 世纪末灌溉面积跃升至 574 万亩，比 1949 年扩大了 2 倍。灌区采用有坝引水、灌排分家及治沙治盐（渍）等工程和生物措施，在一定范围

---

　　① 图片来源：宁夏水利博物馆。

和程度上控制了历史遗留的盐渍化等问题。后套灌区大致经历了引水工程建设、排水工程畅通、世界银行项目配套三个大规模水利建设阶段，目前有引黄灌溉面积 902 万亩。宁夏历代、各期引黄灌溉面积统计见表 3-1。

表 3-1　宁夏历代、各期引黄灌溉面积统计

时间	灌溉面积（万亩）	灌区今地理位置	资料与考证出处
两汉时期	50		张维慎，2012.
西汉元始二年（公元 2 年）	59.8	灵武、青铜峡、中宁河北、中卫河南	张维慎，2012.
北魏	30、25	吴忠河东	杨新才，1999.
唐代开元元年（公元 713 年）	63.7	吴忠、灵武、中卫、中宁、银川	张维慎，2012.
唐末	31	盐池和中宁等处	杨新才，1989.
西夏	160	银川、卫宁平原	张维慎，2012；杨新才，1999.
至元 23 年（公元 1286 年）	84、99		张维慎，2012. 张维慎，2012；宁北军民屯
元末明初	100～123.8		杨新才，1999.
明初	114	银川、卫宁平原	汪一鸣，2005a.
明万历二十年后（公元 1592 年后）	138.9	银川、卫宁平原	张维慎，2012；加南部屯田，嘉靖 162
清乾隆四十五年（公元 1780 年）	207.5	银川、平罗、灵武、卫宁平原	张维慎，2012.
清光绪三十四年（公元 1908 年）	177.6		张维慎，2012.
1949 年	192		《宁夏水利志》
1985 年	450		《宁夏水利志》
2000 年	573.9		《宁夏水利新志》

注：古代地亩量度转换标准参见梁方仲的《中国历代户口、田地、田赋统计》

纵观历史，宁夏农业灌区最早形成于上游的银南地区（今卫宁、吴忠、灵武），后灌溉垦区逐渐向中部和银北扩展，灌溉中心区由富平转移到薄骨律城（今吴忠市），再迁移到兴庆府城（今银川市）。

秦汉时期，与宁夏引黄灌溉开发同时，河西、内蒙古河套也成为黄河上游著名灌区，均以水土资源开发为重点。宁夏周边地区（含毛乌素沙地）的农牧业开发活动也大致经历了两汉、隋唐、宋（西夏）、明清几个相对发展时期。但宁夏周边地区，特别是一些自古以来荒漠化较为严重的地区，由于水资源供给得不到持续保障，水土资源开发始终没有达到宁夏平原那样的与生态较为和谐的状态，在气候变冷和社会动荡时，往往渠系失修、生态失序、沙化扩展。

3.2 农牧业开发活动的重大贡献

1）没有引黄灌溉，就没有宁夏和内蒙古河套区域的农牧绿洲。在自然环境恶劣的西北干旱半干旱地区，没有人工干预——引黄河干流发展灌溉农业，就不可能形成荒漠环绕的绿洲。灌溉农业持续、起伏发展两千年之久，将原来以荒漠草原系统为基础的单纯牧业经济，改造转化成以灌溉农业为中心、与草原畜牧业有机结合的农牧经济。宁夏灌区及其良性发展的生态系统堪称人类在干旱半干旱荒漠地区创造的人地关系和谐发展的奇迹。从生态安全的角度来说，引黄灌区人工绿洲的建设，使得周邻的毛乌素沙地、乌兰布和沙漠和腾格里沙漠等沙漠沙地的扩张得到了有效控制。如若不然，几大沙漠沙地一旦"牵手"成功，黄河势必将直接流进沙漠，入黄泥沙剧增，其后果不堪设想！这正是我们强调大柳树生态经济区是中国北方重要生态屏障之原因。

2）大柳树生态经济区位于农牧交错区，历史上长期属于中央王朝的边疆地区，是中原农耕文明和北方草原游牧文明的对峙地区。因此，除了巨大的生态价值，在历史上这里也具有无可替代的社会价值。"黄土高原的正北方，黄河通过鄂尔多斯草原和沙漠转了一个马蹄形的大弯。这一边境地带不同寻常，常年颇不安定，黄河直接穿过了游牧部族占据的草原，尽管如此，中原王朝一直将河曲地带视为为其'天然'边界"（Barfield，1992）。引黄灌区养育了众多的人口和大量的家畜，提供了大量的粮食，为社会经济发展做出了巨大的贡献。当边疆局势不稳，北方游牧民族南下之时，灌区则成为中原王朝对抗北方游牧民族的重要基地，供给粮草与战马，对维护中原王朝的统一和稳定功不可没。

3）宁夏引黄灌溉因地制宜地应用水沙资源淤灌土地，发展灌溉农业、借助落淤改造咸卤土壤，形成人造水网，清洗盐碱，建立了中国历史上规模空前的半干旱、干旱区灌溉体系和沙漠化地区绿洲生态系统；结合水网渠系、垦田规制，建立人工林网，起到防风固沙、固堤护坡、调节小气候、抑制灌区返盐的作用，巩固了农垦、水利成效，将过去相对落后和封闭的荒漠草原生态系统，改造成为先进的、开放的农林牧复合生态系统。这是人类农业与水利发展史上的一个经典案例。内蒙古河套平原的农牧开发，得以绵延两千年，形成一系列大小绿洲，做法大致相同。

4）历史上的引黄和治黄事业、农牧业开发，为我们提供了水利与农牧等领域的管理和技术经验，包括农林牧协调发展（如农垦与牧业、灌区人工林网）、水利管理制度（如西夏《天盛律令》）、改良原生盐土和遏制次生盐渍化、灌溉与排水配套技术及修防和堵口的经验技术等。其中一些农、水技术，至今仍具有借鉴价值。

3.3 农牧业开发历史对当代灌区建设的启迪

西北灌区的开发历史，是一部人类抵御和减轻干旱、沙化、洪涝和盐渍化等自然灾害的艰苦卓绝斗争史，是人类应对自然灾害、认识和改造自然的一曲凯歌。人类与自然的博弈和互动也留下了极其丰富和宝贵的经验教训。

历史经验表明：这一地区的引黄灌溉与开发在巩固古代边防、维系民族融合、实现国家统一的事业中，发挥了巨大的作用，在当代维护民族团结、增强国家实力、缩小区域发展差距和改善脆弱生态环境等方面，也必将大有作为。历史时期由于开发形成的盐渍化和荒漠化等生态破坏现象，未来通过节水灌溉及完善灌排水体系等措施可有效规避，已有的盐渍化土壤也可进行修复。反思历史时期该地区农牧业发展的历程，可获得如下经验启迪。

3.3.1 灌溉哺育了绿洲文明

宁夏引黄灌溉是中国水利史上的一颗璀璨明珠，河套灌区也是黄河水资源开发利用的典范。社会相对稳定（含开发政策稳定、适宜）、气候相对温暖湿润时期是灌溉农业发展、生态环境改善的黄金时期。而历史上水利开发过程中引发负面影响的社会动乱，现已不复存在，历史遗留下来的沙化、盐渍化问题也正在治理过程中。历史给予人们的最大的启示是，灌区开发应根据自然演化趋势，遵循自然变化的规律和机理，分清环境的优劣二势，弄清垦殖开发的双向效应，顺应自然规律之天时地利，科学处理环境与发展的辩证关系，顺应引黄灌区的产业结构调整，加大落实生态措施，准确把握开发时机。

3.3.2 环境灾害对农牧业的影响

历史经验告诉我们，该区域的农牧发展史，既是与引黄灌溉联袂的历史，也是与干旱、洪涝、盐碱和沙化等环境灾害不懈抗争的艰难创业史。我们要公正评价自然因素和社会因素在宁夏及周边生态环境变化中的权重，正视环境灾害对农牧业发展的严重制约及对农牧生态系统的严重威胁，认识到稳定的开发战略和政策的积极作用。

3.3.3 辩证认识传统农业水利模式

水的丰枯盈亏是灌区生态系统中最活跃、最关键的因素，决定着区域生态系统的平衡与失衡。面对一系列传统农业水利模式，需冷静看到其既有适于中国国情和干旱半干旱地区状况的方面，也存在大水漫灌等和当代社会经济发展、转型趋势不相适应的方面。在传承传统水利优点的同时，应考虑到社会环境的变化与其产生的耦合效应，引进新理念新技术，以适应当前工业化、城市化及区域产业结构调整、社会结构全面转型的新需求。

3.3.4 不合理的开发方式造成盐渍化

关于盐渍化的问题，西汉时人们已认识到河套"地固泽卤，不生五谷"；明代"高者沙砾，下者斥卤"，青铜峡以下多"硝碱田、全碱田"。在宁夏农耕文明发生之前，沉降盆地就有原生湖沼和盐化土壤。在干旱半干旱的寒冷地区，任何不合理的土地利用方式，都会破坏地表结皮层的土壤结构，改变水、土的理化性质，进而触发地质时期富含盐碱成分地层中化学成分"活化"抬升。历史上多轮大规模的军事屯田皆采用大水漫灌、排灌不分的落后模式，导致地下水位抬升，地表积水、湖沼扩大，远古湖盆累积的盐碱成分也垂直上移，形成次生盐渍化，导致耕地废弃，从而扩大了水利建设的负面效应。这是造成宁夏平原灌区历史盐渍化的自然和人为背景。灌溉垦殖兴衰起伏，明清以后军屯转化为民垦，水利失修，也会催生土地盐渍化趋重。乾隆年间，宁夏盐碱地占耕地比例为：卫宁灌区占22.7%，银北占85.5%，河东占17%，银南银中占23.36%，全灌区占44.5%。民国时期，已有排水沟十余条，但1949年盐碱土地仍占耕地面积的47.4%。

20世纪50年代积极发展灌区的同时，加强了排水系统的规划和设置，但1958年灌区盐渍化面积仍占56.67%，"大跃进"期间的大引大灌，盲目扩大水稻种植，致使1962年的盐渍化面积达到67.39%，迫使大面积耕地弃耕。20世纪60年代以来，接受历史教训，开展以排水治盐为中心的农田基本建设，引黄灌区的盐渍化比重已经下降至30%～40%。

综上所述，大水漫灌和排水不畅等不合理的开发所造成的盐渍化问题，始终是宁夏农牧业发展历史上的惨痛教训。在农牧业开发活动中需要吸取这一教训，科学实施节水灌溉，同时建设完善的排水体系，避免盐渍化的发生。

专栏三：宁夏引黄灌区土壤盐碱化成因及防治措施

1. 盐碱地形成原因

（1）自然因素

宁夏引黄灌区属大陆性气候，干旱少雨、风大沙多、蒸发强烈。地势自南

向北渐趋平缓，卫宁灌区地面坡降为 1/2000~1/1000，青铜峡灌区地面坡降为 1/7500~1/2000。灌区土壤多为粉砂质，结构松散，透水性极强，毛管孔隙直径大小适中，地下水借毛管上升速度快、高度大，地下水临界深度大。灌区地形平缓，明沟不能深挖，排水不畅，引起地下水滞留，地下水位较浅，强烈的蒸发使地下水中的盐粒子浓度大幅度提高，并迅速上升到表层土壤中不断积累，造成土壤盐渍化，使土地生产力锐减或丧失。

（2）人为因素

1）灌溉方式不当。宁夏引黄灌区普遍采用大水漫灌压碱和冬灌洗盐等措施以降低土壤表层盐分，但却忽视灌区排水和地下水利用，致使水分较长时间覆盖在土壤表层，土壤毛细管被水分填充，使地下水与表层水连通。地表水和地下水的蒸腾，引发地下水中盐分向土壤表层迁移，从而造成土壤盐渍化。

2）灌排体系不完善。宁夏引黄灌区工程设施老化，各级渠系多无砌护，衬砌长度不足20%，渠道渗漏补给并抬高地下水位，因此，使潜水蒸发增加，加重土壤盐渍化。此外，排水工程不配套、标准低、淤积老化严重，部分灌区有灌无排，致使地下径流排泄不畅，以蒸发为主。有些排水沟开挖深度不够，不能满足排水要求，反而由排水沟补给地下水。

3）耕作方式粗放。翻耕把地表仅有的植被埋入地下，使地表完全处于裸露状态，春季大风使土壤内的水分大量蒸发，而水中的盐分却随水分积于表层，久而久之，造成土壤次生盐渍化。

2. 盐碱化防治措施

1）农艺措施。改大水漫灌为滴灌和喷灌等高效精准节水灌溉，是避免盐碱地形成的重要措施。此外，选择适宜的耐盐碱作物，不仅可利用生物吸排盐的作用（苜蓿每亩吸排盐 56.8kg），改善土壤结构，减少土壤积盐，也可调整灌区种植业和农林牧业的结构，增加畜牧业的比重，提高灌区经济效益。

2）水利工程措施。建立完善的灌排系统，使旱能灌、涝能排、灌水量适当、排水及时，是盐碱地农业的基本技术。排水不畅是地下水位偏高的主要原因，在实施灌水系统改造，加强渠道渗漏治理的同时，建立合理的排水体系尤为重要。

3）生物措施。大力植树造林，在农田两侧种植林带可以有效降低地下水位，发挥生物排水的作用。树木在生长过程中，通过叶面蒸发排除大量的水分，在一定条件下可以降低地下水位。一般多在灌溉渠旁植树，以其吸收渠道侧渗到地下的水量，以消除灌溉渠道两侧可能产生的次生盐碱化或沼泽化，以此代替截渗沟的作用。

4）管理措施。建立农田生态安全预警监控体系，对农田生态环境质量和生态系统退化及时预警，用以反映农田生态系统在各种环境条件与人为作用影响下，农田肥力、酸化、盐渍化、水土流失、沙化、重金属污染与农药残留及农田整体生态安全状况、演变趋势与恶化速度等，适时提出治理措施，实现农田的智慧管理。

3.3.5 农牧产业协调发展

宁夏及周边地区是历史上农牧区边界迁移摆动之区，农业开发的产业驱动因素是粮食生产，形式是将牧区发展为农区。但基于气候、水土和民俗，农林牧发展存在互补与促进的量度关系。人为突破这个临界度，产业之间就会出现冲突，导致产业结构失衡。

第4章　当代农牧业开发的经验和教训

4.1　李井滩——"建设小绿洲，保护大生态"

近几十年来，阿拉善地区年均降水量逐年减少，干旱程度有加剧之势。加之人口增加、草原畜牧业基础建设投入不足、牧民经营方式粗放和超载放牧等原因，造成天然草原植被大面积退化。到20世纪90年代，草原退化面积已达80%以上，优良牧草减少，有毒植物滋生蔓延，物种多样性下降，沙尘暴肆虐。为实现生态效益、社会效益和经济效益的协调发展，阿拉善盟按照"转移发展战略"要求，启动了以"适度收缩、相对集中"为核心的生态移民工程。"九五"时期以来，全盟累计退出牧民6857户22 928人。通过对牧业人口的转移，减少了32%的草原载畜量，使4400万亩草原得以休养生息，区域生态环境得到明显改善。阿拉善生态移民的思路是"围封转移"，将移民迁出地划为公益林，通过禁牧、人工补播、补植、封山绿化和围栏封育等措施，实行退耕还林还草。2007年对退牧四年后的项目区进行的监测结果显示：植被覆盖度由12.8%提高至23%，植被平均高度由25.8cm增高至31.7cm，亩产干草由24.7kg增加至33.6kg。草原特有的涵养水源、防止水土流失和防风固沙等生态功能明显恢复并增强。2001年8月和2012年10月阿拉善左旗李井滩植被盖度如图4-1和图4-2所示。

图4-1　2001年8月阿拉善左旗李井滩植被盖度[①]

---

① 图片来源：宋豫秦2001年8月摄于李井滩。

图 4-2　2012 年 10 月阿拉善左旗孪井滩植被盖度[①]

孪井滩生态移民示范区地处阿拉善盟，本是荒无人烟的戈壁滩，风沙肆虐，示范区建设始于 1990 年，于 1994 年底开始正式移民，总土地面积为 7203km²，是阿拉善盟实施转移发展战略的移民安置基地。

规划初期，孪井滩生态移民示范区建设的主要目的是改善当地生态环境，同时解决阿拉善盟的饲草紧张问题。随着生态移民示范区建设步伐的推进，孪井滩逐渐探索出了"提升农业，引进企业，拓展城镇，搞活物流"的发展方向，并确立了充分利用生态资源，建设综合型生态移民区的发展策略。依托高扬程引黄灌溉工程，截至 2011 年，孪井滩示范区已开垦耕地 7800hm²，居民人均年收入可达9000 元以上。孪井滩生态移民示范区通过综合治理，其耕地、牧草地和林地等生产效率明显提高，沙地和其他未利用地面积减少，提高了土地的生产效率和集约程度，提升了区域土地的承载力，有效遏制了沙化土地的扩展。同时，原本严重退化的 1310 万亩荒漠草原通过封沙育草得到保护，2000 年之后迁出区生态环境明显好转，梭梭和苁蓉等特色植被恢复生长，风沙减弱。目前，孪井滩正积极推进现代化的畜牧业生产方式，全区农牧业稳步协调发展，基本实现了草地生态建设和农牧民增收增效双赢的目标。

4.1.1　孪井滩生态移民示范区土地覆盖变化

按照《土地利用现状调查技术规程》（国家土地管理局，1997）中的相关规定，将孪井滩生态移民示范区的土地利用类型分为耕地、林地、牧草地、城镇村工矿

---

① 图片来源：宋豫秦 2012 年 10 月摄于孪井滩。

用地、水域、沙地和其他用地。结合野外调查及研究区多期土地利用现状图，运用遥感影像处理软件 ArcGIS，对遥感影像进行人机交互解译并数字化，进而建立拓扑关系，形成研究区多期土地利用图形数据和相应的属性数据，通过空间分析，获得土地利用/土地覆被变化和景观格局变化的空间和属性数据。孪井滩生态移民示范区 1992～2011 年土地利用/土地覆被面积见表 4-1，在整个研究期内，示范区增加的土地利用类型有耕地、林地、牧草地和城镇村工矿用地，沙地则呈波动状态，变化趋势不明显，沙地面积受到遏制，而其他用地则一直在大幅度减少，20年间共减少 1500 多 km^2，变化幅度达到 76.71%。

表 4-1 孪井滩生态移民示范区 1992～2011 年土地利用/土地覆被面积统计（单位：km^2）

年份	耕地	林地	牧草地	城镇村工矿用地	水域	沙地	其他用地
1992	0	26.59	1093.51	0	39.36	3825.82	2044.49
1999	102.67	31.55	2596.72	4.09	1.71	3874.69	418.30
2006	117.61	66.93	2097.33	20.09	16.68	3864.17	846.93
2011	117.61	66.93	2476.88	28.09	18.68	3845.43	476.14

注：在遥感影像解译过程中，其他用地一般是那些解译特征不明显，不能明确归类为耕地、林地、水域、城镇和草地等的土地利用类型，其多为荒坡、荒滩、稀疏灌草地、耕地周围的荒草地和盐碱地等土地利用类型

由表 4-2～表 4-4 可知，孪井滩生态移民示范区内增加的耕地主要来自其他用地，即荒滩、荒草地的开垦，增加的牧草地和林地则主要来自其他用地和沙地，其中绝大部分是在荒地上人工种植的防护林和饲草。整体上看，孪井滩生态移民示范区耕地、牧草地和林地等生产效率高、生态稳定性较好的土地面积在增加，而其他未利用地面积在减少。这反映出孪井滩生态移民示范区通过提高土地的生产效率和集约程度，提升了区域土地的承载能力，有效遏制了沙化土地的扩展。

表 4-2 孪井滩生态移民示范区 1992～1999 年土地覆被变化转移矩阵（单位：km^2）

1992 年	1999 年						
	耕地	林地	牧草地	城镇村及工矿用地	水域	沙地	其他用地
耕地	0	0	0	0	0	0	0
林地	0	25	16	0	0	5	0
牧草地	0	4	979	2	6	97	7
城镇村及工矿用地	0	0	0	0	0	0	0
水域	0	0	31	0	0	10	0
沙地	0	2	110	0	2	3720	0
其他用地	103	1	1480	2	4	47	411

表 4-3　李井滩生态移民示范区 1999～2006 年土地覆被变化转移矩阵（单位：km^2）

1999 年	2006 年						
	耕地	林地	牧草地	城镇村工矿用地	水域	沙地	其他用地
耕地	94	0	8	1	0	0	0
林地	0	27	0	0	0	0	4
牧草地	19	17	1809	15	18	174	566
城镇村工矿用地	2	0	0	2	0	0	0
水域	0	0	1	0	5	2	0
沙地	2	23	137	11	1	3699	9
其他用地	0	0	150	0	0	0	268

表 4-4　李井滩生态移民示范区 2006～2011 年土地覆被变化转移矩阵（单位：km^2）

2006 年	2011 年						
	耕地	林地	牧草地	城镇村工矿用地	水域	沙地	其他用地
耕地	118	0	0	0	0	0	0
林地	0	67	0	0	0	0	0
牧草地	0	0	2047	0	0	15	45
城镇村工矿用地	0	0	0	28	0	0	0
水域	0	0	0	0	19	0	0
沙地	0	0	25	0	0	3859	0
其他用地	0	0	416	0	0	0	431

归一化植被指数（normalized difference vegetation index，NDVI）是应用最为广泛的一种植被指数。研究表明，NDVI 是植被生长状态及植被覆盖度的最佳指示因子，因此，采用 NDVI 分析李井滩生态移民示范区植被覆盖的动态变化。NDVI 数据来源于 Terra 卫星上搭载的 MODIS 传感器 250m 分辨率 16d 合成的 NDVI 产品。考虑到一年中 6 月份研究区内植被整体长势最旺，小麦还未收割，同时考虑数据的可获得性，选用 2000～2012 年 6 月的 NDVI 数据进行分析。经过数据处理及统计，得到李井滩生态移民示范区 13 年连续的 NDVI 均值、标准差及 NDVI 高值的面积，如图 4-3 所示。

2000～2012 年李井滩生态移民示范区 NDVI 均值由 0.110 41 增加至 0.1338，期间有所波动，其因在于李井滩生态移民示范区在开发前地表主要覆被类型为牧草地和沙地，植被指数的分布较为均一，故其标准差较 2007 年之后较小。随着区域的开发，耕地、林地面积增加，相应的 NDVI 也有所增加，但牧草地和沙地仍占较大面积，故 NDVI 均值有所增加，标准差也随之增加。而牧草地的植被覆盖度主要受降水的影响，因此，该地区的 NDVI 在整个研究期内表现出波动式增长。从 NDVI≥0.3 的面积统计可以看出，孛井滩生态移民示范区 2007 年后其植被覆盖度高的区域面积显著增长。

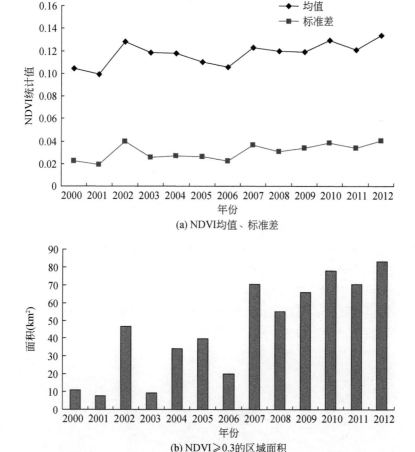

图 4-3 孛井滩生态移民示范区 2000～2012 年 6 月份 NDVI 变化趋势

注：由于孛井滩生态移民示范区是在以荒漠草原为背景基质的景观上新建的人工绿洲，绿洲内部 NDVI 值较高，但绿洲外围荒漠草原所占比例仍较大，而且其 NDVI 值小，在进行 NDVI 高值的区域面积统计时以≥0.3 为阈值。

4.1.2 孛井滩生态移民示范区碳汇变化

碳汇主要指森林和园地等土地及地表植被吸收并储存 CO_2 的能力。孛井滩生态移民示范区碳汇主要包括林地、牧草地和农田植被的固碳作用。碳汇计算

方法为

$$C = \sum S_i m_i \qquad (4\text{-}1)$$

式中，C 为孛井滩生态移民示范区植被固定 CO_2 的碳汇总量；S_i 为第 i 类土地的面积；m_i 为第 i 类土地和植被的碳吸收系数。孛井滩生态移民示范区位于宁夏与内蒙古交界处，耕地主要属于西北地区旱种耕地，林地由天然林地和人造林地共同组成，牧草地主要为半荒漠草地，沙地则集中分布于腾格里沙漠。根据上述土地特征，通过查阅国内外相关文献，选取与孛井滩生态移民示范区土地利用类型特征相符或相似的土地利用类型，取该地区耕地、林地、牧草地和沙地的碳吸收系数分别为 0.501kg/（$m^2 \cdot a$）、0.641kg/（$m^2 \cdot a$）、0.484kg/（$m^2 \cdot a$）和-0.078kg/（$m^2 \cdot a$）。

孛井滩生态移民示范区碳汇计算结果如图 4-4 所示。可以看出，碳汇量总体呈增长趋势，从 1992 年的 247 889.07t 增长至 2011 年的 1 000 691.12t，年均增长率为 7.23%。其中，牧草地碳汇占比例最大，占总碳汇量的 90%以上；耕地和林地碳汇所占比例均有小幅增长，但所占比例较小。

牧草地是孛井滩生态移民示范区主要的碳汇类型，由于退牧还草政策的实施，近年来示范区草场面积稳中有增，在 2011 年达到 2 476.88km^2，碳汇量保持稳定。同时，自示范区建设以来，得益于国家公益林项目的实施，林地面积从 1992 年的 26.59km^2 增长至 2011 年的 66.93km^2，增长率为 151.71%。此外，示范区沙地面积在 1992～2011 年保持在 3800km^2 以上，沙地的土壤呼吸作用造成了总碳汇量的巨大损失。可以看出，广阔的沙地为孛井滩提供了巨大的碳汇增加潜力，随着退牧还草政策的进一步实施和林业的发展，示范区的碳汇功能将进一步增强。

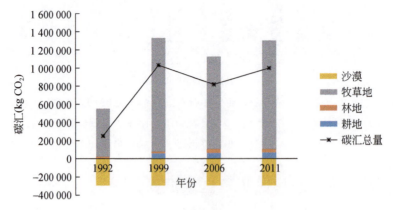

图 4-4　孛井滩生态移民示范区碳汇计算结果

孪井滩生态移民来自阿拉善盟和甘肃、宁夏及内蒙古等地,生态移民在原驻地多为游牧民。随着示范区建设和移民搬迁工作的开展,大量生态移民迁至孪井滩从事农业生产,摒弃了原有的粗放型生产和生活方式,居民取暖所使用的燃料由木材变为煤炭,同时缩小了牲畜的放养规模,极大地降低了原驻地的木材砍伐和牲畜放养量,恢复了原驻地的大面积草场,使原驻地碳源减少,碳汇增加,具体核算公式如下:

$$\Delta E = \Delta E_{lb} + \Delta E_a + \Delta E_{gl}$$

$$\Delta E_{lb} = P \times \frac{q_{Flumber}}{q_{Fcoal}} \times F_{Coal} \times C_{Flumber}$$

$$\Delta E_a = 2.75 \times P \times \sum_{i=1}^{n} N_{ai} \times (C_{ci} + C_{fi})$$

$$\Delta E_{gl} = P \times S_{agl} \times m_{gl} \tag{4-2}$$

式中,ΔE 为生态移民战略实施后原驻地碳汇的增加量,即原驻地净碳汇;ΔE_{lb} 为生态移民使用的生活燃料改变引起的碳源减少量;ΔE_a 为牲畜养殖规模缩小引起的碳源减少量;ΔE_{gl} 为草场恢复引起的碳汇增量;P 为孪井滩生态移民示范区人口;$q_{Flumber}$ 为柴薪热值,取 19.79MJ/kg;q_{Fcoal} 为煤炭热值,取 28.05MJ/kg;F_{Coal} 为孪井滩生态移民示范区人均煤炭消耗量;$C_{Flumber}$ 为柴薪的 CO_2 排放系数,根据《2006 年 IPCC 国家温室气体清单指南》,取值为 112 000kg CO_2/TJ;N_{ai} 为孪井滩生态移民示范区居民在原驻地人均拥有第 i 种牲畜的数量,2.75 为 CH_4 转换为 CO_2 的系数;C_{ci} 为第 i 类牲畜肠道发酵的 CH_4 排放系数;C_{fi} 为第 i 类牲畜粪便释放 CH_4 的排放系数;S_{agl} 为孪井滩生态移示范区居民在原驻地人均拥有的草场面积;m_{gl} 为草地的碳吸收系数。

人均煤炭消费量和拥有牲畜数量等数据主要通过《内蒙古阿拉善盟孪井滩示范区统计公报》《孪井滩示范区总体规划》和《孪井滩示范区十二五规划》等获得。当地经济社会发展和生态建设等相关资料通过 2011 年末对孪井滩豪伊尔呼都格嘎查、哈腾高勒嘎查、阿东高勒嘎查和乌兰恩格嘎查的入户访谈调研和问卷调查及与示范区水利局、环保局和财务局等部门座谈讨论获得。

为准确评价生态移民行动对区域碳汇增加和生态环境保护的意义,对 1992 年、1999 年、2006 年和 2011 年生态移民原驻地碳源和碳汇的变化状况进行计算,结果如图 4-5 和图 4-6 所示。生态移民对原驻地生态保护和碳汇增加起到了显著作用,随着示范区生态移民人口的增加,原驻地净碳汇总量持续增长,从 1992 年的 948 840.05t 增长至 2011 年的 10 794 150.40t,年均增长率为 12.93%。其中,草场恢复提供的净碳汇所占比例最大,占有率维持在 99%以上。

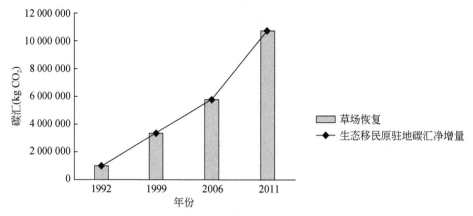

图 4-5　生态移民原驻地碳汇计算结果

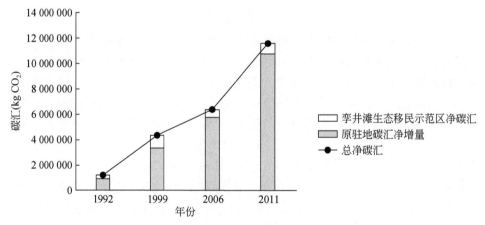

图 4-6　孛井滩生态移民示范区及生态移民原驻地净碳汇计算结果

1992～2011 年，总净碳汇（即生态移民原驻地碳汇净增量与孛井滩生态移民示范区净碳汇的和）持续增长，从 1992 年的 1 190 125.57t 增长至 2011 年的 11 580 862.64t，年均增长率为 12.05%。其中，生态移民原驻地碳汇净增量占总净碳汇的比例增加，由 1992 年的 79.73%增长至 2011 年的 93.27%。

生态移民工程在安置生态难民、提高生态移民生活水平的同时，大大增强了区域碳汇功能，改善了区域的大生态环境。孛井滩生态移民示范区的成功经验，证明了生态移民对协调西部地区人地关系、改善生态环境效果显著。

4.1.3　孛井滩生态移民示范区景观格局变化

绿洲生态系统的变化，主要表现为景观要素的空间结构、相互作用及功能的变化与演替，因此，研究区的生态系统稳定性可通过其景观稳定性来表征。

利用孛井滩生态移民示范区四期土地覆被数据（Arc/Info 矢量数据格式）和 Fragstats 软件计算其景观格局指数，主要包括：①斑块数量 NumP （no. of patch，NumP），斑块平均面积（mean patch size，MPS）；②斑块周长面积比率的平均值（mean perimeter-area ratio，MPAR）；③平均斑块分维指数 （mean patch fractal dimension，MPFD）；④景观多样性指数（shannon's diversity index，SDI）和景观均匀性指数（evenness index，EI）。景观稳定性与 SDI 和 EI 密切相关。景观多样性指数反映景观要素的多少及各景观要素所占比例的变化。当景观由单一要素构成时，景观是匀质的，其多样性指数为 0；由两个以上要素构成的景观，当各景观类型所占比例相等时，其景观多样性最高；各景观类型所占比例差异增大，则景观多样性下降。均匀性指数则是描述景观里不同景观要素的分配均匀程度。计算结果见表 4-5。

表 4-5 孛井滩生态移民示范区 1992～2011 年景观指数

年份	NumP（个）	MPS（m² / 个）	MPAR	MPFD	SDI	EI
1992	51	13 783.81	184.56	1.069	1.041	0.647
1999	110	6 390.67	177.69	1.071	0.962	0.494
2006	54	13 018.04	108.89	1.065	1.096	0.563
2011	48	14 645.29	78.49	1.070	1.030	0.530

由表 4-5 可知，与 1992 年相比，NumP 在 1999 年显著增长，MPS 变小，MPAR、SDI 和 EI 也同期变小；2006 年 NumP 显著减少，MPS 变大，MPAR 继续变小，而 SDI 和 EI 均增大；截至 2011 年，NumP 继续减少，MPS 呈现增大的趋势，MPAR、SDI 和 EI 也继续变小。由此可知，在 1992～1999 年，孛井滩生态移民示范区土地覆被 NumP 增加，MPS 减小，景观破碎度增加，斑块复杂性增加（MPFD 由 1.069 增加至 1.071），但是 SDI 和 EI 有所下降。1999 年以后由于加强了土地规划以及土地整理，景观破碎度明显降低，SDI 和 EI 也呈现下降趋势，截至 2011 年，SDI 和 EI 明显低于 1992 年的水平。

绿洲本为干旱半干旱区形成的自然景观，其变异是绝对的，稳定是相对的，处于亚稳定状态，通过变异从低级的亚稳定状态不断向高级的稳定状态演化。人工介入有利于逐步降低绿洲斑块的异质性和多样性，增强其有序稳定性。孛井滩生态移民示范区景观格局的变化表明：1992～1999 年，生态移民项目建设，使得耕地、城镇村工矿用地从无到有，表现为 NumP 的增加和 MPS 的减少，即景观破碎度有所增加。尽管如此，SDI 和 EI 有所减小，使得景观稳定性增强；1999～2006 年，景观破碎度有所减小，但其 SDI 和 EI 增大，导致景观稳定性降低；2006～2011 年，NumP 减少，MPS 增大，同时 SDI 和 EI 降低，使得景观稳定性增强。

4.1.4　孛井滩生态移民示范区生态服务价值变化

区域生态服务价值是定量描述区域生态系统服务功能的重要指标，是区域生态环境为人类提供服务的能力的货币化表征，是区域生态环境在满足人类需求，支撑人类发展方面直观、可量化的重要参数。采用《千年生态系统评估报告》所确定的生态系统服务功能评估方法，从供给服务、调节服务、支持服务和文化服务四个方面核算孛井滩生态移民示范区 1992～2011 年生态服务价值（表 4-6）。

表 4-6　孛井滩生态移民示范区 1992～2011 年生态服务价值 （单位：万元）

年份	供给服务	调节服务						支持服务				文化服务	总计
	农林牧渔	吸收二氧化碳	蓄水	地下水	肥力	涵养水源	净化空气	生物多样性	释放氧气	物质循环	土壤保持	旅游收入	
1992	5 716.38	11 401.42	21.36	1.91	0.93	9 306.76	15.35	25.4	3 334.05	25.4	77.24	—	29 926.2
1999	8 538.15	31 413.04	0.93	0.08	2.26	18 740.56	18.22	57.88	9 063.21	57.88	185.98	—	68 078.19
2006	13 367.62	32 258.99	9.05	0.81	1.89	19 001.13	38.64	49.95	9 433.31	49.95	151.27	—	743 62.61
2011	15 721.38	35 865.55	10.14	0.91	2.21	22 157.55	38.64	58.05	10 487.96	58.05	177.98	2 550	87 128.42

注："—"代表无此数据。

由表 4-6 可知，孛井滩生态移民示范区近 20 年来的生态服务价值不断增加，从 1992 年的 2.99 亿元增加至 2011 年的 8.71 亿元，增加了 1.91 倍。生态服务价值的大幅度增加表明孛井滩生态移民示范区的生态环境质量在提高，为人类提供的服务在增多，保障人类生存发展的能力在增强。

孛井滩生态移民示范区为 20 世纪 90 年代在荒漠景观上建立起来的人工绿洲。为安置生态移民，示范区每年从宁夏中卫引 5000 万 m³ 黄河水用于农业发展，农业为生态移民提供了一定的生活保障，减轻了牧业压力，从而有助于退牧还草政策的实施，草场得以恢复，生态明显好转。

孛井滩绿洲持续发展的关键在于水资源。这里生态移民示范区水资源短缺，其发展依赖于外部水资源的输入，如果没有黄河水，唯有抽取地下水，而长时间过量开采地下水，必然会导致植被衰退及生态恶化。此外，当地目前采用的大水漫灌方式，严重浪费水资源，必须尽快转变，朝着节水农业的方向发展。

4.2　红寺堡——灌区开发促进"三生共赢"

红寺堡灌区规划范围涉及中宁、同心、吴忠和灵武四县（市）七乡镇，已形成灌区范围土地总面积为 132.11 万亩，属典型大陆气候，干旱少雨，蒸发强烈，风大沙多。

　　开发前，该区域植被因不合理的人类活动遭受严重破坏，1992~1998 年（红寺堡灌区开发初期），植被覆盖度从 40%~50% 下降至 12%~30%；平均亩产草量从 125.5kg 下降至 85kg，其中可利用草从 58.7kg 下降至 26.7kg；平均载畜能力从 6.3 个绵羊单位/百亩草地，下降至 2.9 个绵羊单位/百亩草地，下降了 53.97%。此外，农业生产水平相当落后，粮食单产仅为 25~45kg；农村发展极为落后，农民人均纯收入只有 300 元左右。

　　红寺堡灌区开发十余年来，谱写了"沙丘起高楼，荒漠变绿洲"的生态建设壮歌。红寺堡灌区开发之初，新来移民因生活燃料紧缺而大肆砍伐草原上的灌木、蒿茅，加重了土地沙化，严重破坏了绿洲外围的生态环境；新灌区防护林体系不完善，新垦地沙化面积不断扩展；灌区种植结构单一，以高耗水的粮食作物为主，不仅水资源利用率及经济效益低下，且易造成土壤盐渍化。上述问题出现后，当地开始注重林草建设，包括农田防护林建设及对周边草地的保护，实施退耕还林工程、乌沙塘生态防护林工程、风积沙化带毛渠砌护工程及土地开发整理、城北生态综合治理、主干道百公里绿色长廊与万亩林场等生态建设工程，累计完成人工造林 129.1 万亩，人工种草留床面积达到 6.1 万亩，林木覆盖率由开发之初的 4.9% 提高至 14.3%。同时，积极调整优化种植结构，压缩小麦和玉米等高耗水的粮食作物面积，大力发展设施温棚种植，着力培育以葡萄、高酸苹果、红枣、枸杞为主的特色林果产业。2010 年全区种植蔬菜瓜果 4.23 万亩、枸杞 1.99 万亩、以葡萄为主的园林水果 22 万亩。到 2012 年底，红寺堡灌区实现地区生产总值 11 亿元，地方财政一般预算收入突破亿元大关，城镇居民人均可支配收入达到 13 500 元，农民人均纯收入达到 4570 元，初步实现了生态恢复、生产发展、生活改善的"三生共赢"。红寺堡灌区开发风貌如图 4-7~图 4-9 所示。

图 4-7　红寺堡灌区开发前原貌[①]

---

　　① 图片来源：红寺堡区人民政府。

图 4-8　红寺堡开发初期平整土地

图 4-9　红寺堡灌区开发后新貌

4.2.1　红寺堡灌区土地覆盖变化

通过对遥感影像的分析和实地考察可知，红寺堡灌区在未开发前的主要土地利用类型是牧草地、沙地、荒坡和盐碱地等，共占研究区面积的 90%左右，自然植被多是稀疏灌木林和干旱草原。红寺堡灌区建成后，耕地面积大幅增长（177.75%），之后以较为稳定的速度持续增长（年增长率为 16.54%~17.84%）。与此同时，林地面积亦持续增长，牧草地面积则呈现逐年减少的态势（表 4-7）。

表 4-7 红寺堡灌区 1996～2010 年土地利用/土地覆被面积统计 （单位：km²）

年份	耕地	林地	牧草地	城镇村工矿用地	交通用地	沙地	水域	其他用地
1996	37.4	1.97	466.86	5.46	0.8	208.25	12.24	51.57
2000	103.88	2.72	417.43	9.5	3.27	186.93	12.24	48.58
2006	206.98	35.65	255.67	13.00	9.29	238.11	16.85	9.00
2010	354.72	45.35	97.32	39.20	15.34	176.16	19.42	37.04

1996～2000 年，红寺堡灌区土地利用变化较为简单，通过开垦牧草地和荒坡、沙地等其他用地，将其变为耕地；增加的林地来源于沙地，而新增的城镇村工矿用地占用了牧草地。2000 年以后，研究区土地利用变化过程变得较为复杂：在开垦荒地、牧草地增加耕地的同时，新来的生态移民因生活燃料紧缺而大肆砍伐草原上的灌木、蒿茅和树木，导致牧草地大面积减少，土地沙化现象较为严重；新灌区的灌溉体系开始形成，水域面积有所增加；未利用土地因转为耕地而减少。2006 年后，人们意识到必须保护林地和草地以防止沙漠化扩展，因此除了耕地、城镇村工矿用地和水域面积因灌区开发活动继续增加之外，林草建设使林地面积也继续增加（表 4-8～表 4-10）。

表 4-8 红寺堡灌区 1996～2000 年土地覆被变化转移矩阵（单位：km²）

1996 年	2000 年							
	耕地	林地	牧草地	城镇村工矿用地	交通用地	沙地	水域	其他用地
耕地	37	0	0	0	0	0	0	0
林地	0	2	0	0	0	0	0	0
牧草地	44	0	417	4	1	0	0	0
城镇村工矿用地	0	0	0	5	0	0	0	0
交通用地	0	0	0	0	1	0	0	0
沙地	19	1	0	0	1	187	0	0
水域	0	0	0	0	0	0	12	0
其他用地	3	0	0	0	0	0	0	49

表 4-9 红寺堡灌区 2000～2006 年土地覆被变化转移矩阵（单位：km²）

2000 年	2006 年							
	耕地	林地	牧草地	城镇村工矿用地	交通用地	沙地	水域	其他用地
耕地	62	5	29	1	1	5	1	0

2000 年	2006 年							
	耕地	林地	牧草地	城镇村工矿用地	交通用地	沙地	水域	其他用地
林地	2	1	0	0	0	0	0	0
牧草地	81	20	172	1	4	127	4	8
城镇村工矿用地	3	0	1	4	0	0	0	0
交通用地	0	0	1	0	2	0	0	0
沙地	44	9	46	6	2	76	3	1
水域	1	0	1	0	0	1	8	0
其他用地	14	0	6	0	1	28	0	0

表 4-10　红寺堡灌区 2006～2010 年土地覆被变化转移矩阵（单位：km^2）

2006 年	2010 年							
	耕地	林地	牧草地	城镇村工矿用地	交通用地	沙地	水域	其他用地
耕地	169	12	5	5	3	6	4	4
林地	9	26	0	0	0	0	0	0
牧草地	124	5	36	13	2	58	3	14
城镇村工矿用地	1	0	0	12	0	0	0	0
交通用地	1	0	0	0	6	1	0	1
沙地	47	2	53	9	4	110	3	10
水域	1	0	2	0	0	1	8	4
其他用地	3	0	0	0	0	0	1	5

　　从整体上看，红寺堡灌区在扬水工程的配合下，将原有生产力低下的未利用荒地变为生产力高、生态稳定性较强的耕地和林地，使该区域由最初的自然荒漠景观转变为人工绿洲景观。从土地利用转移矩阵可以看到，灌区开发过程中及时改变不合理的开发方式，主要是及时完善灌溉体系，保证水源供给，调整农牧业开发时序与活动，对遏制土地沙化、增加林草地面积起到了积极作用。因此，在灌区建设时要注意开发初期灌溉体系未完善而可能导致土地沙化的现象，土地平整与灌溉体系建设必须配套进行，以保证稳定的水资源供给，加强沙化控制。

　　同样采取 NDVI 分析红寺堡灌区的植被生长状态及植被覆盖度情况，2000～2012 年 6 月红寺堡灌区的 NDVI 如图 4-10 所示。

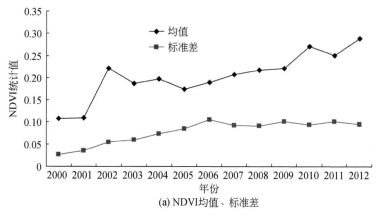

(a) NDVI均值、标准差

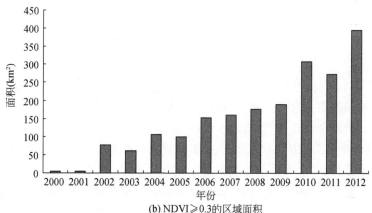

(b) NDVI≥0.3的区域面积

图 4-10 红寺堡灌区 2000~2012 年 6 月 NDVI 变化趋势

由于红寺堡灌区是在以荒漠草原为基质的景观上新建的人工绿洲，绿洲内部 NDVI 值较高，但绿洲外围荒漠草原所占比例仍较大，而且其 NDVI 值小，在进行 NDVI 高值的区域面积统计时以≥0.3 为阈值

2000~2012 年红寺堡灌区 NDVI 均值呈现明显增长，而其标准差在 2006 年后逐渐减小，这表明随着该地区的土地开发，地表植被覆盖度逐渐增加，而且植被盖度高的区域面积逐渐增加，在整个区域内占主导地位。

4.2.2 红寺堡灌区生态环境效应变化

利用吴忠市环境监测站对 PM_{10} 和降尘的监测数据[①]，进一步分析红寺堡灌区土地覆盖变化的生态环境效应。

---

① PM_{10} 为年均值，降尘则采用每年第二季度的数据。

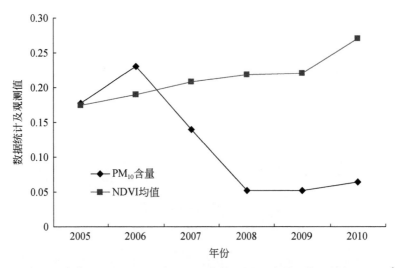

图 4-11　红寺堡灌区 2005～2010 年 NDVI 均值、PM$_{10}$ 含量比较（单位：mg/m^3）

由图 4-11 可知，2005～2010 年红寺堡灌区的 PM$_{10}$ 含量显著下降，该下降趋势与区域植被覆盖的相关系数为-0.72。根据吴忠市环境监测站 2008～2010 年的监测结果，2008 年降尘量为 37.5t/（km^2 ·30d），2009 年降尘量为 43t/（km^2 ·30d），2010 年降尘量为 29.1t/（km^2 ·30d），降尘与植被指数均值呈较好的负相关，为-0.9。结合红寺堡灌区土地利用/土地覆被变化分析，随着红寺堡灌区土地的合理开发，耕地、牧草地和林地的面积不断增加，当地植被覆盖状况明显得到改善，在大风天气条件下扬尘的形成条件被削弱，进而使得 PM$_{10}$ 含量和降尘量减少，空气状况得到改善。

红寺堡灌区开发前是宁夏生态环境最为脆弱的地区之一，因无灌溉条件，区域只能发展旱作农业，随年际降水变化而开垦或撂荒、挖甘草、烧干柴，加之土壤团粒结构较少，质地差，大部分为易遭风蚀、结构松散的中沙土和粗沙土，往往导致"风沙吃农田"，并且土地沙化有向周边市县扩张之势。"一年一场风，从春刮到冬，风吹石头跑，地上不长草"曾是红寺堡灌区开发前的生动写照。该灌区开发后，由最初的自然荒漠景观转变成为人工新绿洲景观，原始的脆弱自然荒漠生态系统转变为比较稳定的高效人工绿洲生态系统。通过引含大量泥沙的黄河水灌溉，加之耕种施肥，土壤的理化性质逐渐发生改变，脱离了原始的荒漠成土过程，形成了人工土壤，将红寺堡灌区从原始荒漠变成沃野千里、谷稼殷实的富庶之地。北京大学大柳树生态经济区农牧业开发及其生态效益评估项目组 2012 年 11～12 月在红寺堡灌区入户调研，受访者均表示，红寺堡灌区开发初期生态环境恶劣，有移动沙丘，多沙尘暴，平均每月的沙尘天气可达 20～28d，自 2000 年后沙尘天气逐渐减少。这进一步证实了土地覆盖变化，尤其是耕地、牧草地和林地面积的大幅度增加对区域生态环境有明显的改善作用，特别是发挥了很好的防风固沙作用。

4.2.3 红寺堡灌区景观格局变化

与孪井滩生态移民示范区一样，采用土地覆被数据（Arc/Info 矢量数据格式）和 Fragstats 软件计算红寺堡灌区的景观格局指数，计算结果见表 4-11。

表 4-11 红寺堡灌区 1996～2010 年景观指数

年份	NumP（个）	MPS（m²/个）	MPAR	MPFD	SDI	EI
1996	77	1018.83	62.28	1.018	1.101	0.53
2000	153	512.75	59.94	1.021	1.266	0.609
2006	175	448.31	127.14	1.099	1.474	0.709
2010	293	267.76	136.01	1.097	1.579	0.760

由表 4-11 可知，红寺堡灌区 1996～2010 年斑块数量持续增加，斑块平均面积则持续减小，由此可知，景观的破碎度持续增加，斑块的复杂性则呈减小的趋势，即该区域受人类活动影响逐渐强烈。景观多样性指数和景观均匀性指数均持续增大。

红寺堡灌区在 1996～2010 年，斑块数量、景观多样性指数和景观均匀性指数均呈增加的趋势，斑块平均面积则持续减小，因此，该地区景观稳定性呈降低趋势。

4.2.4 红寺堡灌区生态服务价值变化

采用《千年生态系统评估报告》所确定的生态系统服务功能评估方法核算红寺堡灌区 1996～2010 年的生态服务价值（表 4-12）。

表 4-12 红寺堡灌区 1996～2010 年生态服务功能价值 （单位：万元）

年份	供给服务	调节服务						支持服务				文化服务	总计
	农林牧渔	吸收二氧化碳	蓄水	地下水	肥力	涵养水源	净化空气	生物多样性	释放氧气	物质循环	土壤保持	旅游收入	
1996	11 432.77	8 241.06	6.64	0.60	0.45	4 503.05	12.37	12.02	2 409.89	12.02	35.43	—	26 666.30
2000	17 076.30	8 897.53	6.20	0.56	0.41	4 113.74	29.55	12.63	2 601.85	12.63	29.97	—	32 781.37
2006	45 470.47	21 007.87	9.14	0.82	0.41	4 212.88	20.58	8.21	6 143.21	8.21	24.25	—	76 906.05
2010	65 358.80	32 243.03	10.70	0.96	0.41	4 273.85	26.50	5.63	9 428.64	5.63	17.42	—	111 371.57

注："—"表示无此数据。

由表 4-12 可知，红寺堡近 15 年来生态服务价值持续增长，从 1996 年的 26 666.30 万元增加至 2010 年的 11 371.57 万元，增加了 3.18 倍。这主要得益于耕地和林地的增加，以及这两种生态系统具有良好的植被覆盖、高效的生产力和较高的废物处理能力。此外，人们通过合理增加耕地面积、植树造林、种植高产牧草提高了区域土地利用的集约度，增加了区域人口承载力，改善了区域生态环境。

以红寺堡为中心的灌区建设，有效地控制了沙化，盘活了土地，植被覆盖度逐渐增加，景观多样性和均匀性增加，生态系统服务价值持续增长，极大地改善了当地居民的生产、生活条件，在一定程度上实现了生态恢复、生产发展、生活改善的"三生共赢"。

开发建设红寺堡灌区的实质是通过引入外部水资源，将十分脆弱的自然荒漠生态系统转变为高效的人工绿洲生态系统，其生态环境的改善，是以消耗大量水资源为代价的，故而如何高效利用水资源是当地亟待解决的问题。

4.3　景泰川——荒漠戈壁向绿色田野的转变

位于甘肃省河西走廊东部的景泰川，东临黄河，北至腾格里沙漠，南接昌岭，西与民勤县毗连。该区地跨景泰、古浪两县，包括白墩子滩村、边外滩、漫水滩乡、直滩和海子滩镇等地区。

图 4-12　景泰川上水前[①]

---

① 甘肃省景泰川电力提灌第二期工程竣工报告.甘肃省景泰川电力提灌工程指挥部，1999。

　　虽然紧临黄河，但河低地高使得当地缺水严重，加之干旱少雨、蒸发强烈和风沙肆虐等恶劣的气候因素，农民生活困苦。1971 年前，人均占有水浇地不足 0.6 亩，其余均为山田、压砂田及撞田，农民靠天吃饭，粮食产量极低，需要国家供应返销粮。"拉羊皮不沾草，十种九不收"是 40 年前景泰川的真实写照。

　　为了改善当地居民的生活状况，甘肃省兴建了景泰川电力提灌工程（简称景电工程）。经过 40 余年的运行，景电工程彻底改变了当地农业生产的基本条件，取得了显著的经济、社会和生态效益，成为腾格里沙漠南缘的一道绿色屏障，实现了荒漠戈壁向绿色田园的转变。景泰川上水前与上水后如图 4-12 和图 4-13 所示。

图 4-13　景泰川上水后景象

4.3.1　景泰灌区土地覆盖变化

　　由表 4-13 可知，近年来景泰灌区的耕地面积一直呈增长之势，增速也呈上升态势：2001～2005 年、2005～2009 年、2009～2012 年三个时间段内，年增长率分别为 9.04%、25.79%、29.83%。景泰灌区的林地面积也持续增加，城镇村工矿用地面积基本稳定，牧草地面积呈先增加后减少的态势，至 2012 年该区牧草地面积降至 2001 年的水平。

表 4-13　景泰灌区 2001～2012 年土地利用/土地覆被面积统计　（单位：km²）

年份	耕地	林地	牧草地	城镇村工矿用地	其他用地
2001	54.88	1366.68	6364.30	32.67	2673.82
2005	74.73	1582.21	7689.20	31.8	1115.16

年份	耕地	林地	牧草地	城镇村工矿用地	其他用地
2009	151.81	2366.48	7071.11	32.85	869.18
2012	287.65	2420.16	6558.26	32.66	1195.19

进一步分析土地覆被变化转移矩阵（表4-14～表4-16）发现，景泰灌区新增耕地主要来自牧草地和林地，其次来自荒滩、荒草地。

表4-14　景泰灌区2001～2005年土地覆被变化转移矩阵　（单位：km²）

2001 年	2005 年				
	耕地	林地	牧草地	城镇村及工矿用地	其他用地
耕地	12.06	4.01	38.15	0	0.02
林地	22.46	331.10	993.79	0.84	14.11
牧草地	38.78	754.39	5428.70	1.69	126.29
城镇村及工矿用地	0	0.58	3.17	28.92	0
其他用地	0.61	486.32	1208.73	0.35	971.80

表4-15　景泰灌区2005～2009年土地覆被变化转移矩阵　（单位：km²）

2005 年	2009 年				
	耕地	林地	牧草地	城镇村及工矿用地	其他用地
耕地	31.83	3.04	39.24	0	0
林地	17.92	806.35	699.40	0.55	52.71
牧草地	100.82	1395.92	5975.08	3.88	197
城镇村及工矿用地	0.20	0.46	2.72	28.42	0
其他用地	0.21	155.26	339.23	0	617.79

表4-16　景泰灌区2009～2012年土地覆被变化转移矩阵　（单位：km²）

2009 年	2012 年				
	耕地	林地	牧草地	城镇村及工矿用地	其他用地
耕地	74.54	9.90	66.17	0.26	0.03
林地	31.81	924.01	1283.76	0.57	120.55
牧草地	179.96	1442.38	4998.35	2.74	432.16
城镇村及工矿用地	0.28	0.57	2.91	29.10	0
其他用地	0.07	36.01	192.61	0	639.16

景泰灌区涉及景泰和古浪两县，灌溉条件优越，在人口日益增长的压力及

经济利益的驱动下，耕地面积持续增长。而新增耕地主要由牧草地及部分林地转变而来，其中一些不宜农耕的砂质草原被开垦成耕地后，经过几年翻耕，黏粒减少，粗粒增加，地表粗化至不能耕种，从而成为撂荒地。居民毁草毁林、过度开垦的行为导致相当面积的牧草地、林地退化为裸地及荒草地，使本来就脆弱的生态平衡遭到破坏，并诱发土地沙化。随着当地生态环境保护政策的实施，在实现经济效益的同时，林地面积持续增长，草地退化得到有效控制。

4.3.2 景泰灌区景观格局变化

景泰灌区在 2001～2005 年斑块数量显著减少，之后呈现增加态势；斑块平均面积在 2005 年达到高峰，之后有所减小，SDI 和 EI 均表现出先减小后增加的趋势（表 4-17）。这表明，2001～2005 年景泰灌区的景观破碎度减小，斑块复杂性降低，景观多样性及均匀性亦降低，景观异质性减小，景观稳定性增强。2005年后景观破碎度呈增加趋势，斑块复杂性增强，且景观多样性和均匀性增强，景观稳定性降低。

表 4-17 景泰灌区 2001～2012 年景观指数

年份	NumP（个）	MPS（m²/个）	MPAR	MPFD	SDI	EI
2001	2262	462.44	65.94	1.01	0.95	0.68
2005	1801	580.48	66.53	1.01	0.78	0.57
2009	2048	510.80	65.08	1.01	0.87	0.63
2012	2127	492.10	66.16	1.01	0.98	0.71

4.3.3 经济、社会及生态效益变化

景电工程的经济效益主要体现在农业生产方面。截至 2011 年底，景电工程累计完成提水量 96.59 亿 m³；全灌区累计生产粮食 69.65 亿 kg，经济作物 24.72 亿 kg，累计产生直接经济效益 106.02 亿元，是工程总投资的 12.4 倍，区内农民生活水平显著提高，人均纯收入增长了 7.5 倍。

灌区建设安置了大批贫困山区移民。一期工程共安置 5.8 万山区人口进入灌区，缓解了景泰、古浪和武威等七个县（市）近 40 万群众的温饱问题。二期工程上水前后，16.4 万人、3.31 万头大牲畜及 17.4 万只小家畜的饮水问题得到解决，水质卫生条件大幅提升。

景电工程使得灌区小气候得到明显改善。1957～2005 年的气象统计数据显示：年平均降水量从 180.5mm 增加至 193.82mm，多年平均降水量增长率达 7.5%；

年蒸发量从 3500mm 下降至 2000mm 左右，相对湿度由 46%增加至 48%；平均风速由 3.5m/s 降低至 2.4m/s，8 级以上大风天数由 29d 减为 14d。

经过几十年的建设，灌区林地面积达 11 万亩，林木覆盖率达 14%，林带的空气动力效应为改善局地小气候做出了重要贡献。工程在为农业生产提供保障的同时，也吸引了大批移民迁入，减小了山区人类活动带来的环境压力，有利于更大范围的水土保持。此外，灌区与三北防护林体系连成一片，成为抵御腾格里沙漠的第一道屏障，有效地阻止了腾格里沙漠的南侵。

景电工程的成功经验表明：通过合理利用黄河水资源，可在干旱地区实现荒漠向绿洲的转变，在建设小绿洲的同时，景观多样性也随之增强。景泰灌区的开发还可进一步说明：干旱地区进行合理的农业开发不但具有可行性，还会带来巨大的经济、社会及生态效益。

虽然景泰灌区的社会、经济效益近年不断提高，但是由于基础弱、起点底，景泰依然是国家级贫困县，需要在成功引黄灌溉的基础上，调整产业结构，加紧改变粗放式灌溉模式，压缩高耗水产业，向精细化农业转变。

4.4 民勤——超采地下水加剧沙漠化

民勤绿洲位于河西走廊东端、石羊河下游，东、西、北三面被腾格里沙漠和巴丹吉林沙漠包围，南与武威盆地相毗邻，是一个典型的半封闭内陆荒漠绿洲。该区地处西北内陆，属干旱荒漠气候区，具有降水量少、降水变率大、年内分配不均、蒸发量大和干旱时段明显等特点。年均降水量为 110mm，而年蒸发量高达 2644mm，为年均降水量的 24 倍，是中国最为干旱的地区之一。降水主要集中在 6～9 月，占全年降水量的 70%以上，连续无降水日最长达 114d。该地区还是我国沙尘源区，风大沙多，自然环境恶劣。

4.4.1 土地覆盖变化

由表 4-18 可知，2001～2012 年民勤耕地面积呈增加态势，2001～2005 年增加尤为显著。2001 年民勤耕地面积仅为 95.83km²，当时已经出现因水资源不足导致的严重生态危机。尽管如此，耕地开垦规模和速率仍持续扩大，至 2005 年增至 585.55km²，平均每年增加 122.43km²，之后继续以 2.86%的年均速度增长。2009 年之后，该地区耕地面积基本稳定。民勤林地面积呈现先增加后减少的趋势，城镇村工矿用地面积基本稳定，而牧草地面积呈波浪式变化。

表4-18　民勤2001～2012年土地利用/土地覆被面积统计 （单位：km²）

年份	耕地	林地	牧草地	城镇村工矿用地	水域	其他用地
2001	95.83	230.35	1 023.54	17.90	8.16	14 586.27
2005	585.55	583.91	819.52	17.74	8.07	13 946.83
2009	652.59	327.97	1 022.83	17.76	8.02	13 933.40
2012	630.51	257.28	944.85	17.51	10.19	14 100.77

进一步分析土地覆被变化转移矩阵发现（表 4-19～表 4-21），该区内新增耕地的最主要来源是牧草地和林地，其次是其他用地，即荒滩、荒草地，2001～2005年民勤即有 404.32km² 牧草地转变为耕地。同时，也有相当一部分耕地转变为牧草地和林地，2005～2009 年有 167.98km² 的耕地转变为牧草地、20.65km² 的耕地转变为林地；2009～2012 年，有 173.53km² 的牧草地由耕地转变而来，同时有62.91km² 的耕地转变为林地。2001～2005 年民勤有 327.06km² 的其他用地转变为林地，378.47km² 的其他用地转变为牧草地。

表4-19　民勤2001～2005年土地覆被变化转移矩阵 （单位：km²）

2001 年	2005 年					
	耕地	林地	牧草地	城镇村及工矿用地	水域	其他用地
耕地	78.55	3.61	12.34	0	0	0.77
林地	62.56	56.01	83.42	0	0	25.12
牧草地	404.32	195.41	341.60	0.41	0.27	81.14
城镇村及工矿用地	0.54	0	0.16	17.22	0	0
水域	0	0	0	0	6.54	1.70
其他用地	37.94	327.06	378.47	0.16	1.19	13 842.09

表4-20　民勤2005～2009年土地覆被变化转移矩阵 （单位：km²）

2005 年	2009 年					
	耕地	林地	牧草地	城镇村及工矿用地	水域	其他用地
耕地	389.60	20.65	167.98	0.33	0	6.72
林地	81.75	104.79	249.87	0	0	144.79
牧草地	136.44	151.78	404.96	0.21	0	123.68
城镇村及工矿用地	0.17	0.16	0.39	17.15	0	0
水域	0	0	0.15	0	7.17	0.68
其他用地	44.17	48.31	196.03	0	0.94	13 657.72

表 4-21　民勤 2009～2012 年土地覆被变化转移矩阵　　（单位：km²）

2009 年	2012 年					
	耕地	林地	牧草地	城镇村及工矿用地	水域	其他用地
耕地	392.13	62.91	173.53	0.24	0	24.06
林地	27.91	31.94	200.26	0.04	0	64.95
牧草地	205.93	91.83	485.53	0.34	0.45	235.22
城镇村及工矿用地	0.72	0	0.19	16.79	0	0
水域	0	0	0	0	7.98	0.12
其他用地	3.92	69.45	84.71	0	1.65	13 775.21

　　民勤土地利用/土地覆被变化分析表明，由于人口增加、农业发展及土地整治不断加强，牧草地和荒地等其他土地利用类型补充耕地，高质量的耕地面积显著扩大。林地和牧草地是绿洲地区重要的自然景观类型，支撑并影响着绿洲景观的基本生态功能。随着民勤地表水和地下水的持续快速减少，大面积林地自然退化为牧草地和沙地。过度放牧、开垦牧草地及水资源减少导致牧草地退化，同时也有部分自然退化的林地和弃耕农田转换为牧草地。随着民勤生态恶化的加剧，人们更加重视绿洲中林地的生态作用，着力于植树造林改善生态环境。当地生态环境保护政策的实施将林地面积的变化控制在合理范围内，从而保障民勤绿洲基本的生态功能。

4.4.2　景观格局变化

　　民勤 2001～2012 年景观指数变化见表 4-22。2001～2005 年，民勤 NumP 增加了 1 倍，MPS 显著减小，MPAR 变小，MPFD、SDI 和 EI 有所增加。2005 年以后，NumP 持续减少，MPS 不断增加，而 MPAR、SDI 和 EI 均减小。由此可知，2001～2005 年民勤的景观破碎度增加，斑块的复杂性增加，景观趋于多样，但是各景观要素所占的比例呈现均匀性，表明土地的空间异质性增加，景观稳定性降低。2005 年后，景观破碎度有所降低，MPS 增大，且斑块形状趋于规则化，景观多样性及均匀性降低，土地的空间异质性降低，景观稳定性有所增加。

表 4-22　民勤 2001～2012 年景观指数

年份	NumP（个）	MPS（m²/个）	MPAR	MPFD	SDI	EI
2001	982	1625.28	67.05	1.01	0.36	0.22
2005	1864	855.81	64.79	1.01	0.52	0.32
2009	1498	1065.42	64.61	1.01	0.51	0.32
2012	1412	1129.73	65.09	1.01	0.48	0.3

4.4.3　水资源及植被变化

民勤绿洲发育在石羊河下游，境内几乎无地表径流产生，水源主要为石羊河的地表来水和地下水，自汉代开垦以来，就是一个"十地九沙，非灌不殖"和"地尽水耕"的灌溉绿洲，有水即为良田，无水便为荒漠，是典型的绿洲灌溉农业区。近几十年，受石羊河上中游人类的不合理活动和上游相继兴建多处调蓄工程等因素影响，石羊河进入民勤境内的径流自 20 世纪 50 年代以来逐年减少，70 年代开始更呈现锐减之势。

为了维持绿洲正常的水源补给，从 20 世纪 70 年代开始，民勤绿洲的地下水开采量逐年上升，70 年代为 2.60 亿 m^3/a，80 年代为 3.45 亿 m^3/a，90 年代初为 5.00 亿 m^3/a。由于大量开采地下水，民勤地下水位每年以 0.5~1m 的速度急剧下降。50~60 年代民勤地下水位埋深普遍为 1~5m，一些地方有地表水出露，据实测等水位线和水文地质参数估算，50~60 年代，由民勤扎子沟至红崖山水库 27km 的断面流出沙漠的地下水为 0.3515 亿 m^3，由红崖山至阿拉古山 10km 的断面流出沙漠的地下水为 0.0815 亿 m^3。这些水资源除一部分被农田耗用外，其余消耗于沙漠边缘，维系着沙区植被的生长。而到 90 年代，民勤已无地下水流出，地下水位较 70 年代相对普遍下降 10~20m，个别地方达 40m。地下水位迅速下降的同时，矿化度也以每年 0.1g/L 的速度升高，处在流域最下游的湖区，矿化度平均高达 4.33g/L。

民勤超采地下水引起地下水位埋深早已远超植物生长的临界值，导致植被严重衰退，表现为植被盖度降低、生物多样性下降、植被群丛数量减少，沙漠化迅猛扩张，成为沙尘暴的主要策源地之一。

20 世纪 50 年代，民勤绿洲外围共有以白刺、红柳灌丛为主体的天然"柴湾"133 300hm²，其中，植被盖度大于 40%的面积占 54.3%，植被盖度为 10%~40%者占 45.7%。到 80 年代调查时，天然"柴湾"仅保存 72 400hm²，其余皆被垦殖。保存面积中，植被盖度大于 40%的"柴湾"只占 32.3%，10%~40%者占 50.23%，小于 10%者占 17.5%。

20 世纪 50~60 年代以前，民勤盆地大部分地区地下水埋深在 1~5m，湖区北部小于 1m，植被生长环境良好。以芦苇和芨芨草等为主的草甸植被广泛生长，植被盖度多在 40%以上；以沙米、甘草、苦豆子和碱蓬等为主的一年生、多年生草本植被占有一定的优势；以白刺、柽柳、盐爪爪、红砂、珍珠猪毛菜、沙蒿为主的灌木、半灌木广泛分布；胡杨和刺柳等荒漠河岸林也有一定分布。自 70 年代，湿生植物逐渐被旱生植被代替。至 90 年代，90%的荒漠河岸林枯死；草甸植被中只有少量的芦苇分布，盖度小于 5%；受地下水位影响较大的甘草和苦豆子等一年生、多年生草本植被已属罕见；绿洲—荒漠过渡带固沙灌木白刺、柽柳衰退严重。

民勤的沙砾质灌木、半灌木荒漠中，20 世纪 50 年代有 4 个群丛，而到 90 年代只有衰退的沙蒿和苦豆子 1 个群丛；沙质灌木、半灌木荒漠中，50 年代有 9 个群丛，90 年代只有 7 个群丛，盐爪爪、芨芨草消失后，以柽柳为主的、与盐爪爪和芨芨草共同组成的群丛也相继消失。

水源减少、植被退化是导致民勤盆地沙漠化的主要成因。20 世纪 70 年代以前，分布于盆地丘间、洼地的植被种类大多为湿生系列的草甸植被，目前已被旱生植被代替。大面积的天然林木和 50～60 年代人工种植的沙枣林相继衰败、枯死，已失去再生和自然繁衍的能力。退化植被丧失了防沙固沙和保护绿洲的作用，沙漠化威胁日益加剧。

从大尺度的区域生态环境上，民勤处于全国荒漠化监控和防治的前沿地带，阻隔巴丹吉林沙漠和腾格里沙漠，是中国西北部风沙线上的一座"桥头堡"。这两大沙漠一旦失去民勤绿洲的阻挡，沙化南下的速度将迅速加快，河西走廊将被阻断。在 2007 年召开的全国"两会"上，时任国务院总理温家宝强调"决不能让民勤成为第二个罗布泊"，这已是温家宝总理第 14 次谈及民勤生态退化问题。

据甘肃省治沙研究所在民勤的监测资料显示，至 2008 年，民勤绿洲荒漠化程度由中轻度向重度和极重度发展变化。沙漠化使沙尘暴增加，特强沙尘暴 20 世纪 50 年代仅 5 次，60 年代为 8 次，70 年代为 13 次，80 年代为 14 次，而 90 年代高达 23 次，民勤已迅速演变成影响全国的沙尘暴源区之一（图 4-14、图 4-15）。

图 4-14　严重缺水的民勤地表

图 4-15 沙尘暴袭击民勤

为缓解民勤面临的严重生态危机，在中央政府的关注和要求下，水利部门自2001年开始向民勤跨流域调水，截至2013年底，累计调水 7.67 亿 m^3。2007年11 月国务院批复了《石羊河流域重点治理规划》，该规划实施后，石羊河中游下泄水量将逐年增加。通过各项综合治理措施，民勤生态环境的恶化趋势开始受到遏制，地下水位已由原来的降幅减缓，变为正负均衡，局部地方开始有所回升。其中，2010年全县地下水位下降 0.289m，2011年全县地下水位上升 0.006m，2012年全县地下水位平均上升 0.085m。特别是湖区 2012年地下水位平均回升 0.341m，东湖镇的正新、下月和雨圣等村社农民家中的土井水位已得到恢复，并且逐年回升。随着地下水位回升，自然植被也有望逐渐恢复（图 4-16）。

图 4-16 民勤青土湖再现生机

在西北干旱半干旱地区，抽取地下水用以补充地表水的不足，不啻为饮鸩止渴，非但不会缓解水资源短缺的窘境，反而会破坏当地本已十分脆弱的生态环境。类似民勤这样的干旱半干旱地区原有的固沙植物往往扎根较深，依赖地下水生存，维系着当地脆弱的生态环境。而地下水位下降，使得地表植被群落大量减少，植被盖度降低，从而加剧了土地沙化，对绿洲造成致命的威胁。与此同时，地下水的矿化度不断提高，水质恶化。

鉴于民勤县的教训与经验，在地表水匮乏的地区，绝对不能依赖于超采地下水而发展，而应开源节流并举。一方面，可以适当增加石羊河下泄流量，为下游的生态系统提供水资源保障，防止继续出现不可逆转的土地退化现象，如连片沙丘和风蚀洼地等；另一方面，应加大退耕力度，积极推广滴灌等农业节水技术，将每一滴水的效益发挥到最大，同时杜绝高耗水产业在该地区上马。

专栏四：宁南山区——生态建设综合效益显著

从 2000 年开始，自治区政府在宁夏南部山区全面开展了退耕还林还草工作。以彭阳县为例，当地坚持"五个结合"，即把退耕还林草同农业基础建设结合，按流域结构确定退耕面积，退耕工程与农田水利建设同规划、同实施；同农村能源建设结合，在项目安排上，优先向退耕还林区域和退耕农户倾斜，以解决退耕禁牧后燃料不足的问题；同生态移民结合，对生存环境较差的退耕区农户实行整体搬迁，集中退耕；同产业开发结合，依托丰富的林草资源和良好的气候条件，在退耕区域内安排畜牧养殖和特色种植等项目，培育和发展后续产业；同封山禁牧、舍饲养殖相结合，封山育林，舍饲养殖，保护了退耕成果。目前，一个以林草为主体，农、林、牧同步发展，点、线、面协调配套的生态农业体系已基本形成。

1. 生态效益

实施退耕还林还草工程后，当地生态环境明显改善，原来裸露的陡坡山地基本被植被覆盖，生态效益显著（图 4-17、图 4-18）。第一，水土保持效益明显。工程实施以来，宁南山区水土流失面积平均由 2000 年的近 168.6 万 hm^2 减少至 2008 年的 126.24 多万 hm^2，减少了 25%。据抽样调查，当前土壤侵蚀模数为 23.5m^3/（$hm^2 \cdot a$），分别比没有实施生态重建治理的坡耕地和宜林荒山荒地降低了 18m^3/（$hm^2 \cdot a$）和 11m^3/（$hm^2 \cdot a$），有效地控制了水土流失，调节了水土平衡，达到了涵养水源、净化水质的目的。第二，庇护农田作用显现。工程实施后，干旱、热干风、沙尘暴、冰雹和霜冻等自然灾害的危害程度得到有效缓解。据统计，宁南山区 2000 年农作物受旱灾面积占农作物总播种面积的

69%，2007年减少至61.7%，2008年减少至51%。2008年与退耕还林（草）之前的1999年相比，粮食种植面积减少了15.8万亩，粮食总产却增长了12.3%。第三，净化空气，改善生活环境。自2000年以来，当地累计完成退耕还林（草）面积828.8万亩，森林覆盖率由2000年的6.2%增加至19.5%。据此测算，每年可增加吸收二氧化碳55.3万t，释放氧气40.3万t（王旭明和张国芳，2010）。

图4-17 宁南山区生态治理前景观[①]

图4-18 宁南山区生态治理后景观[①]

2. 经济效益

退耕还林还草工程推动了种植结构的战略性调整，大大促进了农业增效、农民增收和农村经济发展。围绕退耕还林还草后续产业，将劳务产业、马铃薯、

---

① 图片来源：彭阳县水利水保局。

苗木、中药材和肉牛饲养等作为优势特色产业进行扶持和培育，效益明显。据统计，当地粮食种植面积占农作物总播种面积的比重由 2000 年的 79.9%降至 2008 年的 69.3%，下降 10.6 个百分点，经济作物和其他农作物面积增加了 10.6%。2008 年马铃薯种植面积达到 343.9 万亩，比 2000 年增加 164.8 万亩，增长 92%。宁南山区 8 县粮食总产量由 2000 年的 53.7 万 t 增加至 2008 年的 104.6 万 t，增长 94.8%，翻了近一番。粮食商品率由 2000 年的 25.8%上升至 2008 年的 30.7%，油料商品率由 19.1%增加至 25.5%。2008 年猪、牛、羊、家禽出栏率分别达 52%、37%、40%、62%，比 2000 年分别提高 4、12、8、23 个百分点。

该工程的实施进一步促进了农民收入加快增长，不仅使农民直接受益，得到国家转移支付补助收入，而且通过推动劳动力转移、产业结构调整和集约化经营等途径间接增加了农民收入。据彭阳县统计，14 年累计兑现退耕补助粮食及现金折合人民币 11.48 亿元，退耕农户户均享受 2.739 万元，人均享受 9649 元，全县农民人均增收 4308 元。

3. 社会效益

退耕还林（草）工程实现了"人-粮-地-林"良性循环，人与自然和谐发展，农业生产条件改善，农民的劳动强度减轻，生产生活环境改善，生活水平明显提高。

首先，改善了农业生产条件，提高了农业劳动生产率，推动了农业现代化进程，形成了温饱工程。该工程实施后，不仅完成了坡改梯和种树种草任务，而且修通了田间道路，使得小型农业机械得以广泛使用，2008 年农户机耕、机播面积分别占耕地总面积的 31%、14%，比 2000 年分别提高 14 个和 9 个百分点，使农业生产效率发生了革命性的变化。

其次，扩大了劳动力有效供给，促进了劳动力转移，提高了劳动力资源配置效率。据调查了解，工程实施后，农民每经营 10 亩耕地仅需 1 个劳动力耕作，节约了 50%的劳动力。从事农业生产的劳动力从土地中转移出来，不仅有利于提高农业劳动生产率，而且为发展非农产业提供了后备人力，为工业化、城市化发展创造了有利条件。2008 年山区农民从事非农产业的劳动力占从业人员总数的 31%，比 2000 年上升 16 个百分点。当年外出打工人员占劳动力的 33.5%，比 2000 年的 9.8%提高近 24 个百分点。人均外出务工收入由 2000 年的 180 元增加至 2008 年的 862 元，增加 682 元，增长 3.8 倍。外出务工收入对农民收入增长的贡献率达 43%，高出引黄灌区 13 个百分点。

最后，改善了农民生活条件和生活方式，美化了居住环境。工程不仅改善了农村生活面貌和农村居住环境，更为调整农村产业结构、促进经济发展和增加农民收入创造了契机。农民生活条件和生活方式发生了较大变化，生活消费观念开始向城市居民看齐，消费结构进一步优化，生活质量不断提高。2008 年山区农民人均生活消费支出 2411 元，比 2000 年增加了 1505 元，增长 1.7 倍，恩格尔系数达到 47%，总体上已越过温饱水平，正在向小康迈进。

宁南山区生态环境脆弱、经济基础薄弱，生态恶化和人口超载使农牧业生产条件异常恶劣，人-粮-土地-生态长期处于恶性循环。从 20 世纪 80 年代的林草建设，到 90 年代的小流域综合治理，再到 21 世纪以来的退耕还林还草，当地在生态建设方面进行了不懈的努力，并取得了丰硕的成果。昔日赤地千里的黄土地上，出现了茂密的植被，被黄沙掩埋了的村庄旧址已看不到明沙，沙丘已披上绿装，融为草原的一部分。生态环境得到有效改善的同时，农民生活水平也得到了显著提高。

宁南山区生态建设在取得丰硕成果的同时，也暴露出了一些在后续发展过程中需要解决或改进的问题。第一，退耕还林（草）工程规划目标需更加明确，更加细化，避免优等耕地被退耕，影响农民收益；第二，工程建设树种配置单一，管护方式欠灵活，科技培训滞后；第三，后续产业发展缓慢，产业结构依旧不合理。因此，今后生态建设应注重因地制宜，切忌"一刀切"的规划方式；提高科技和管理水平；结合当地优势和市场需求大力发展后续产业，进一步增加农民收入。

专栏五：以色列——发展高效节水农业，突破水资源短缺瓶颈

以色列位于亚洲大陆的西部，西临地中海，南通红海，地形狭长，由海岸平原、中部丘陵、约旦大裂谷及内盖夫沙漠四部分组成，约 2/3 的国土是干旱半干旱的荒漠地区。该国属地中海气候，夏季炎热干燥，冬季温和湿润，一年之中，只有两个差别显著的季节，即 11 月至来年 3 月的多雨冬季，4～10 月的干旱夏季，其气候条件比我国的西北地区更为恶劣。

以色列水资源严重缺乏，人均仅为 300m^3，主要表现在两个方面：一是由于气候和地形等自然因素的影响，地表水和地下水都很稀少，水资源基本全部依赖降雨，淡水大部分来自约旦河、加利利湖和一些小溪流，地下水水量十分有限，且埋藏过深（一些地方在千米之下），大部分为难以直接利用的微咸水，对缓解旱情作用不大；二是降水在时间和空间上分布严重不均，加剧了水资源短缺，以色列的降水多集中在冬季，且 70% 的降水量集中在 12 月、1 月、3 月，4～10 月则是干旱的夏季，北部和中部降水量相对较大，北部年降水量可达 700mm，中部地区为 400～600mm，南部内盖夫地区降水量则十分稀少，仅为

25mm。

以色列面临着两大胁迫：一为政治军事胁迫——以色列国土狭窄，处于各种敌对势力的包围之中，二为生存环境胁迫——全国一半以上为年降水量不足50mm 的沙漠地区。然而，面对如此困难的环境，以色列却在这块贫瘠的土地上创造了水资源高效利用与现代农业的奇迹，农民的人均收入高达2 万美元/a。近10 多年来，农业总产值年增长率始终保持在15%以上，农产品不仅供应全国，而且还大量销往欧洲，出口额在过去50 年里翻了12 倍之多。以色列的成功得益于农业的集约化发展、完善的科技开发、技术推广和服务体系。其最突出的特色在于节水灌溉技术、温室农业和非常规水资源的开发利用。2015 年10月，宋豫秦研究小组赴以色列进行了为期10 天的考察，总结出其在水资源利用与农业发展方面的四点典型经验，即统筹、多源、精准和冗余。

1. 统筹

《以色列水法》规定：水的行政管理由政府统一调配（包括消费、分配、生产和污水处理）。国家输水系统包括10 500km 的管道、95 个水库及9 个远程自动控制中心。供水系统从北部加利利湖向南延伸至中部及南部沙漠地区。同时地中海沿岸的海水淡化厂也接入该系统。Mekorot 是以色列最大的供水公司，目前全国70%的水资源总消耗及85%的饮用水均由其统一分配，公司根据需求及灵活性的操作实施原水净化和调配，高质量的水可输送至全国各地，整个过程实施统一管理。

2. 多源

以色列的水资源供给主要来自加利利湖的天然降水（5%）、海水及苦咸水淡化（45%）与降雨丰沛且地下水较为充足的北部地区的地下水（50%）。根据不同时期的气候状况，上述三个主要来源的供水比例可进行灵活调整。

由于淡水资源十分珍贵，以色列尽一切可能收集雨水、地面径流和局部淡水。无论是耶路撒冷古城遗址还是今天的街区道路，均因地制宜地修建集水设施，最大限度地收集和储存天然降水。以色列在流域内分级设立一些集流坝、蓄水坝、坡面采流、沟道集流工程，修建集水窖，将雨季降水形成的不固定径流水收集起来用于农林生产或改善生态环境。例如，在内盖夫荒漠中降水量不足100mm 的地区，集水植树，虽然大多只能形成片林，但仍具有重大的生态环境意义（图4-19）。

以色列在北部丘陵地区修建了很多位于农田之间的小型蓄水池，积蓄雨期的洪水，用作农业灌溉；在供水困难的山区坡地安置大型水箱以直接蓄积雨水；

南部荒漠地区因雨量集中，易形成径流，所以修建了一些简易的蓄水池，专门积蓄雨洪以回补地下水和用于农业灌溉。从北部戈兰高地到南部内盖夫沙漠，以色列境内分布着百万个集水设施，各类集雨蓄水设施或供直接利用，或注入当地水库和地下含水层（图 4-20）。

图 4-19　耶路撒冷老城、奇波利古城及耶路撒冷新城雨水收集[①]

图 4-20　内盖夫沙漠中的雨洪河道[①]

　　面对传统淡水资源短缺的现状，以色列积极加大循环水使用力度，把工业与城市生活产生的污水，集中进行净化处理后二次用于农业灌溉。他们通过使用不同的过滤装置，降低废水中污染物质和细菌含量，使废水变为适宜灌溉的水源。灌溉时，综合考虑水质、土壤质地与状态，制定出合理的灌溉策略与方式，并选定适宜的作物，以利于水中有害物质的分解和避免地下水质的污染。以色列废水回用率全球领先（图 4-21），每年回用 4.3 亿 m³ 废水用于农业（图 4-22），占回用废水的 85%，这不但充分利用了水资源，同时也在很大程度上避免了各种废水的直接排放对有限的土地资源与环境所造成的污染与侵蚀。

---

① 图片来源：宋豫秦、陈昱昊 2015 年 10 月摄于以色列。

以色列还科学合理地开发地下咸水、微咸水，采用先进的计算机系统将微咸水和淡水混合成居民饮用水及农业灌溉用水。研究发现，棉花、西红柿和部分瓜类可以接受最高浓度达 0.41%～0.47% 的微咸水灌溉。微咸水灌溉的作物在产量上有所下降，但产品质量优于淡水灌溉的产品。例如，微咸水灌溉的甜瓜甜度增加，瓜形变得更有利于出口；而西红柿的可溶性总物质含量提高，甜度增加。以色列内盖夫"沙漠甜"西红柿等蔬菜、水果销路很好，在欧美市场备受欢迎。淡化的海水和苦咸水除满足本国需求外，每年还向巴勒斯坦和约旦各输送约 5500 万 m³，有利于缓解中东地区冲突。

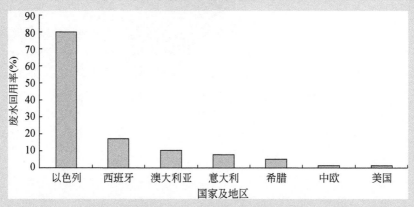

图 4-21　各国废水回用率

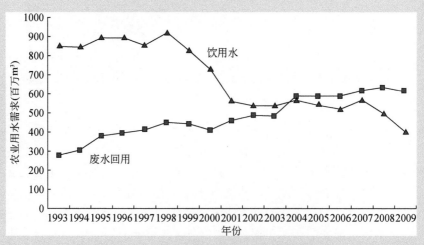

图 4-22　1993～2009 年以色列农业用水需求

3.精准

以色列农业生产最大的特点即是精准，这一特点不仅体现在几乎 100% 全覆盖的滴灌设施中，还体现在以作物及牲畜为中心对其进行精确的营养供给和物理条件营造中，更体现在对市场需求的精准把握中。

以色列的农业灌溉技术经历了大水漫灌、沟灌、喷灌和滴灌的几次革命，每次革命都是农业节水技术的一次大飞跃。与传统的大水漫灌相比，喷灌可节水40%～50%，同时可以省工省地，适用范围广，还可以在小范围内改善生态环境，增加产量，适宜于小麦、荞麦和玉米等垄带状种植的作物。滴灌直接供水到植物根系，减少了水分蒸发损失，可使水分利用率达90%以上，比传统的漫灌法节水50%～70%，比喷灌节水10%～20%。滴灌还可将肥料与水一起输送给作物，减少农药用量，并使土壤保持良好的通气性，降低土壤的盐化程度，减少杂草生长。滴灌非常适用于精细种植。现在从滴灌技术中又派生出埋藏式灌溉和散布式灌溉等灌溉方式。

在此基础上，以色列还实现了灌溉系统的智能化。通过中央控制器、自动阀、传感器，对作物进行实时监测，根据作物的需求，精准地将肥、药通过灌溉系统输入植物根部，有效地提高了化肥和农药利用率。此外，智能化系统还解放了更多束缚在土地上的劳动力。依靠先进的、智能化的节水技术，以色列在河谷地区有了发达的农业，在沙漠中建起了片片绿洲（图4-23）。

图4-23　以色列节水农业[①]

以色列从20世纪80年代开始发展温室农业，已更新了三代。每个温室大棚一般为4000～5336m²，结构非常坚固，能够抵御强风的袭击。温室中配备电脑自动控制系统，能自动调温、调湿、调气、调光。以色列十分重视薄膜的开发利用，现代塑料薄膜更加经久耐用，而且既可以抗除虫剂中硫化物的腐蚀，还能挡住阳光中对植物有害的部分光谱，像过滤器一样让需要的紫外线进来，将最有效的光线最大限度地分配给植物。新的薄膜品种正在研发中，如能使害虫一触就死亡的薄膜和能有效防紫外线的薄膜等。

---

① 图片来源：宋豫秦、陈昱昊2015年10月摄于以色列。

新技术的应用使温室可白天降温，晚上自动升温，而且能量消耗非常少。新一代温室结构更趋先进，高度达 5m，更适宜果树和爬篱的农作物（图 4-24）。

图 4-24 不同光照强度和光照颜色下葡萄的生长

以色列农业部下属的农业研究中心培育奶牛时，对奶牛进行精准饲养，每头奶牛佩戴感应器，只能打开固定栅栏食用固定食槽里的饲料，以便监测其进食量和产奶量等，平均每头奶牛一年可产奶 12 000L，远高于中国 5000L 的年均产量（图 4-25）。现中国引入以色列的技术，在北京市进行试点，每头奶牛的产奶量已达到 10 000L/a。

图 4-25 奶牛精准饲养[①]

4. 冗余

尽管以色列水资源奇缺，南部干旱区年降雨量不足 50mm，但该国在地表水和地下水利用方面却十分谨慎，严格控制开采，同时注重对自然的反哺。位于以色列北部的加利利湖，是以色列唯一的地表水水源地，湖内水量靠天然降雨补给。为了保障湖水水量，避免因超采造成的咸水入侵，该湖设有最低警戒

---

① 图片来源：宋豫秦、陈昱昊 2015 年 10 月摄于以色列。

水位线，理论上该湖可供给全国 30%的饮用水，但目前每年供给量仅占饮用水总供给量的 5%。南部的内盖夫沙漠腹地常年干旱，降雨集中于雨季少数几场暴雨之中，极易发生山洪。鉴此，该地区建有 5 座蓄洪水库，用于蓄积雨水，回灌地下水。此外，海水淡化厂的淡化水不仅满足生产和生活需要，每年还有计划地将 1500 万 m³ 水回灌地下，用于恢复地下水位。

以色列的高效节水农业，为水资源短缺地区的农业开发提供了宝贵经验，在解决水资源短缺和农牧业发展矛盾方面树立了极好的典范。换言之，如果我国北方地区尤其是西北地区能够全面引进以色列的节水农业和雨水收集等技术，完全可以摆脱长期面临的水资源短缺的胁迫，土地沙漠化、水土流失、植被退化、河流干涸和地下水位下降等一系列生态问题也大多会迎刃而解。

第5章　农业开发与沙漠化正逆过程的关系

通过对区域历史及当代农牧业开发活动的回顾和总结，可以发现，水资源始终是决定西北干旱半干旱地区自然生态系统优劣的掣肘因素。西北地区脆弱的生态环境决定了不合理的农牧业开发活动极易导致土地沙化。鉴此，本章首先对大柳树生态经济区周边沙漠、沙地的历史演进过程进行梳理，探讨沙漠化的成因，并重点对其中的人为因素进行分析。此外，由于农业开发是当地最主要的、也是与沙漠化关系最为密切的人类活动，5.2 节和 5.3 节着重分析了不同的农业开发模式与沙漠化的相互作用关系。

5.1　沙漠化的发生与发展机理

5.1.1　沙漠分布及演进过程简析

我国八大沙漠中的腾格里、乌兰布和、库布齐沙漠，以及四大沙地之一的毛乌素沙地均与大柳树生态经济区毗连（图 5-1），本节主要论述以上沙漠（沙地）的形成及演进过程。巴丹吉林沙漠虽然也与本区域相连，但因其主体部分相去甚远，故不在此叙述。

1. 毛乌素沙地

毛乌素沙地位于鄂尔多斯高原的中部与南部，总面积约为 4.3 万 km^2，海拔为 1200～1500m。东部大致以包神铁路为界，南至陕西榆林—长城一线以北，西至宁夏石嘴山—吴忠黄河一线以东，北以 109 国道与库布齐沙漠相分割，至准格尔沙圪堵镇—东胜区—杭锦旗南—鄂托克旗北—石嘴山市一线。

（1）史前时期

考古资料显示，第四纪全新世时期，毛乌素地区气候出现过冷暖波动，植被多样性因此受到影响，沙地也经历过数次扩张和收缩。由于人类刚刚步入新石器时代，对自然的改造能力很小，此时的沙漠化主要受气候振荡影响，与人类活动关系不大。

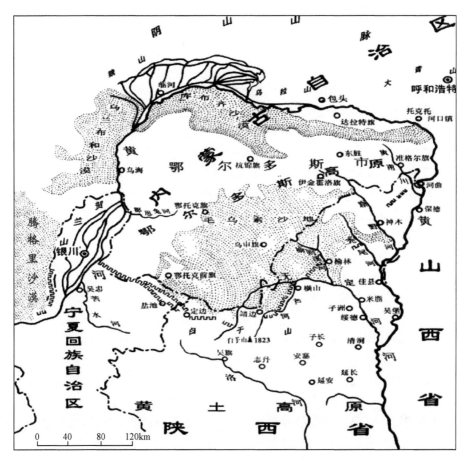

图 5-1　黄河流域主要沙漠沙地分布图

资料来源：杨永梅，2007。

（2）战国—唐初时期

根据《山海经·西次二经》记载，战国时期榆林地区北部的森林郁郁葱葱，动植物及水资源丰富。北朝时期，齐炀王宇文宪父子曾在盐州（今定边县）打猎，"一围之中，手射野马及鹿十有五头"，可见，当时生态环境尚属良好。

北魏—唐初时期，未见毛乌素地区沙化之载。唐贞观四年（公元 630 年），六胡州地区（今鄂尔多斯高原中部偏西区域，大体相当于今鄂托克旗、鄂托克前旗、乌审旗、宁夏盐池县及明长城以北部分）的景观属典型的温带草原风光，杨、榆、柳、槐等阔叶乔木在山谷、河畔生长，野生动物较多，水草茂盛。

（3）唐中叶后

唐贞观四年（公元 630 年）至德贞年间（785～805 年）的 100 多年里，毛乌素地区开始出现沙漠景观。贞观年间水草丰美的六胡州地区逐步被沙漠占据，李益有诗云"故国关山无限路，风沙满眼堪断魂，不见天边青草冢，古来愁煞汉昭君。"此时的毛乌素沙地已扩展至契吴山东南缘。此后的唐咸通年间（860～874年），许棠诗中有"茫茫沙漠广，渐远赫连城"的描述，说明契吴山至夏州（今陕西靖边白城子古城）与德静两城间土地也已经沙化。

此后的近百年间，该地区人口增长了3倍以上，生活在这里的粟特人有马30万匹、牛19万头、羊91万只（杨永梅，2007），如此之多的牲畜依赖于长期的驻牧型畜牧业，而过度放牧对草地系统的破坏力相当大。8世纪中叶，寒冷事件频发，秋季冷空气南进的时间提前，春季时间则推迟，相应霜冻与降雪出现的最早、最晚时间均提早和推迟，沙漠化现象严重，经济萧条。而在这一背景下爆发的安史之乱使得社会动荡，人口急剧下降，在此安居的粟特人数量从10万降至3万（艾冲，2003）。

唐朝中叶毛乌素地区的沙漠化是在恶劣的自然环境、连年的战争及过度放牧等内外因共同作用之下发生的。该时期是当地沙漠化过程的突变点，短短百年时间，沙化速度如此之快，令人惊叹。

（4）宋辽时期

北宋时期，气候变冷，毛乌素地区战火连连，过度开垦及撂荒严重破坏了生态环境，夏州此时已在沙漠深处，沙地进一步扩展至无定河南岸。

宋朝初期中国北方处于寒冷干旱期，这对当年"沃野千里、谷稼殷富、水草丰美、群羊载道"的景观或有不利影响。为了解决粮草供给，当地大兴垦殖，包括军垦和民垦，开垦和过度放牧相当严重。以神木和府谷为例，此地驻军约1.5万人，百姓将近4.8万人，众多人口所需的粮食及马匹所需的草料，均依赖于当地的农牧业，这无疑会对生态环境造成严重破坏。干冷的气候、过度的垦殖、连年的战争及其所带来的耕地撂荒，均加速了毛乌素的沙漠化。

（5）南宋—元时期

南宋后期，气候开始转暖，政治局面相对稳定，毛乌素地区战火平息，军民开始休养生息，沙地局部流沙被逐步固定下来，沙漠化开始逆转，生态环境得以恢复。马可·波罗在描绘毛乌素地区时写道："小湖和河流环绕，是鹧鸪集结之所。此处还有一块美丽的平原"，足见当地动植物资源之丰富及河湖景观之魅丽。

元朝建立后，北方草原地区的政治地位下降，大量人口南迁（耿占军，1994）。元朝政府还颁布了如"正月至六月尽怀羔野物勿杀""草生而属地者，遗火而瑞火芮草者，诛其家"和"禁牧地纵火"等生态保护法律条文（王凤雷，1996）。湿润的气候、人类活动的减少及适当的生态保护，使毛乌素地区的生态环境在此期间得到一定程度的恢复。

（6）明清至民国时期

明朝建立以来，与蒙古族战争无数，交战的地点大约就在今河套地区及毛乌素沙地一带。明初正统年间（1436～1449 年），朝廷更是采取"野草焚烧尽绝"的办法防止游牧民族南下，这极大地破坏了当地的生态环境，已相对稳定的沙地在明朝时期又再度扩展。

据史料记载（吴薇，2001），为了抵御逐水草而南下的游牧民族，明成化十年（1474 年）再度修建长城，将"草茂之地筑于内"，这或可说明，毛乌素地区在明朝初期仍不乏水草茂盛之地。此后，军屯、民屯颇多，"自筑外大边以后"（大边指长城），盐池县一带出现了"数百里荒地尽耕，孳牧遍野"之况。此后，"沿边积沙，高与墙等，时虽铲削，旋塞如故，盖人力不敌风力也"，流沙与长城平齐，甚至高过长城。说明榆林、横山两县之间的长城以北已有了大片连绵的沙漠，毛乌素地区的沙化继续向东南推进（艾冲，2004）。

元代至明初气候一直比较湿润，进入 15 世纪又转为干燥状态（山本武夫，1972），气候的改变进一步加剧了毛乌素的沙化进程。明代毛乌素地区状况与两宋时期类似，干燥的气候加上军垦、战争、焚烧及土地撂荒，更导致了沙化程度加剧。

清代垦殖更为普遍，康熙三十六年开始允许少数汉人进入禁留地开垦种植（珠飒，2005），至光绪年间，垦区更加开放。毛乌素地区的沙化继续扩张，在榆溪河与无定河间出现大片的沙地，被赋名"十里沙"。清代至民国，榆林境内有 80 多个海子已变为滩地（何彤慧，2008）。

民国时期，沙漠化继续加剧，基本形成与现在相似的景观，即耕地与流沙、半固定沙丘和固定沙丘交错分布。

从气候角度分析，清代以后，气候没有温暖期，最暖时期平均气温较唐以前低。这样的气候条件促使了毛乌素沙地的扩展。而清代、民国时期的人为活动对沙漠化扩展也起到了强力驱动作用。

（7）中华人民共和国成立后

1950 年后，毛乌素地区农田面积大幅增加，草原、柳湾及盐湿地面积显著减少，固定沙地虽收缩明显，但半固定沙地面积大幅增加，且流动沙地发展迅速。

1980～2000 年，毛乌素地区农田面积增加了 150%，林地面积增加了 400% 以上，草地面积减少了 30% 以上（房世波等，2009）。总体来看，植被覆盖有所增加，沙化程度有所减轻（图 5-2）。该过程的驱动因子可从气候和人为两个方面加以分析。一方面，20 年来年际气候变化表现为气温升高及降水波动。其中，气温升高引起的生产季节延长和速度增加是植被指数增加的主要原因。另一方面，农业发展、三北防护林建设和退耕还林还草政策的实施，也为沙漠化的减缓和逆转做出了巨大贡献。

毛乌素沙地的变迁受气候波动、战乱、垦殖及撂荒等多种因素综合影响，沙漠化产生的主要原因来自草场退化，而草场退化则主要是过度放牧、盲目开荒、滥采滥挖（中草药等）及草原鼠害造成。表 5-1 汇总了史前至中华人民共和国成立后，毛乌素沙地沙漠化的过程及其影响因素。

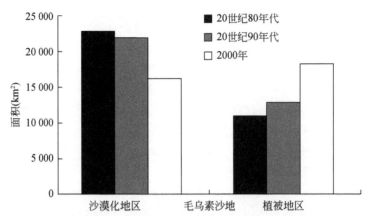

图 5-2　毛乌素沙地沙漠化面积和植被面积变化比较

资料来源：房世波等，2009。

表 5-1　毛乌素沙地沙漠化变迁的驱动因素

时期	距今时间(a)	沙漠化过程	影响沙漠化的因素	
			人为因素	自然因素
地质、史前及历史时期的早期	300 万～2500	沙漠化有扩展和固定	没有人类或者人口稀少，对自然界影响很小	气候冷暖变迁
唐朝中后叶	1220～1047	沙漠化扩展	战略践踏，土地撂荒及过度驻牧型牧业	气候寒冷、干旱
北宋及南宋前期	1046～763	沙漠化扩展	战争践踏、土地撂荒、严重垦殖、过度放牧	气候寒冷、干旱
南宋后期及元朝时期	762～639	沙漠化固定	政治中心南移，人口锐减，对土地的压力减轻	气候格外湿润
明朝时期	638～353	沙漠化扩展	战争践踏及军垦、民垦严重	气候干旱
清朝、民国、中华人民共和国成立初期	352～41	沙漠化扩展	人口增长很快，对土地压力增大	气候干旱

资料来源：杨永梅，2007。

2. 库布齐沙漠

库布齐沙漠位于鄂尔多斯高原脊线北部，西、北、东三面均以黄河为界，东西长约为 400km，南北宽约为 50km，总面积约为 1.68 万 km²，其中，流动沙丘约占 61%，涉及内蒙古鄂尔多斯市杭锦旗、达拉特旗和准格尔旗的部分地区。地势南高北低，南部为构造台地，中部为风成沙丘，北部为河漫滩地。沙漠西部和北部因地靠黄河，地下水位较高，水质较好，可供草木生长。

　　根据沉积学及光释光年代学证据（范育新等，2013），库布齐沙漠西北部在距今 19 000 年就存在风沙活动，但规模不大；中东部地区在距今 9000 年出现了风沙堆积；距今 7000 年，风沙活动显著增强，风沙覆盖横贯东西，形成了覆盖现今库布齐沙漠东、西部大面积地区的风沙堆积地貌格局雏形；距今 2000 年，风沙又向南北边缘扩展，以沙丘为基本特征的大规模沙漠开始发育。综上所述，晚更新世以来库布齐沙漠景观出现的时间主要集中于距今 19 000～14 000 年、10 000～7000 年和 2200～1300 年的三个时段，前两个时段的风沙活动主要受亚洲夏季风衰退的控制，最后一个时段沙漠景观的快速发展很可能由人类活动诱发。

　　关于库布齐沙漠的最早记录见于南北朝时期。据记载[①]，刁雍于太平真君七年（公元 446 年）表文称："奉诏高平、安定、统万及臣所守四镇，出车五千乘，运屯谷五十万斛付沃野镇，以供军需。臣镇去沃野八百里，道多深沙，轻车为难，设令载谷，不过二十石，每涉深沙，必致滞陷。又谷在河西，转至沃野，越度大河，计车五千乘，运十万斛，百余日乃得一返，大废生民耕垦之业。车牛艰阻，难可全至，一岁不过二运，五十万斛乃经三年。"分析其车运陆路的走向，以及毛乌素沙地当时的分布情况可知，文中的"道多深沙"恰在今杭锦旗西部。这或表明，当时库布齐沙漠主要分布于今杭锦旗之西半部。此外，成书于北魏时期的《水经注》也有关于库布齐沙漠的记载："余按南河、北河及安阳县以南，悉沙阜耳，无佗异山。故《广志》曰：'朔方郡北，移沙七所，而无山以拟之'。是《音义》之僻也"[②]。"南河"正是今杭锦旗北半部的库布齐沙漠分布区。

　　唐代时，库布齐沙漠被命名为"库结沙"，唐德宗贞元年间（785～805 年），宰相贾耽在其所记载"从边州人四夷七道"的"夏州塞外通大同云中道"中描述了库结沙南部边缘位置和局部分布宽度等内容。当时库结沙横亘在纥伏干泉（今乌顶布拉村、门根村之北）和宁远镇（今沙圪堵淖尔村西南）之间，南北宽度约合 52.38km（艾冲，2009）。

　　根据北魏太平真君七年（公元 446 年）、孝昌三年（公元 527 年）、永熙二年（公元 533 年）、唐德宗贞元年间（公元 785～公元 805 年）的相关文献记载，可以略知库布齐沙漠当时的分布范围，即西限黄河，北临黄河南支河道，东达今杭锦旗北部的毛布拉格孔兑沟之西侧，南缘在今杭锦旗巴彦乌素镇乌顶布拉村、门根村至摩仁河下游之北。

　　唐代之后，关于库布齐沙漠的变迁似未见诸文献，因而其分布范围尚无从知晓。

　　近代来，库布齐沙漠几经固定与活化。随着遥感等技术的应用，对库布齐地区的研究也包含了其沙漠化问题，只是由于沙漠化的评价方法及标准难以统一，沙漠化的程度和面积尚不能达成共识。目前，毛乌素沙地和库布齐沙漠之间 50km

---

① 北齐·魏收.《魏书·刁雍传》。
② 北魏·郦道元.《水经注·河水三》。

宽的草原隔离带连年萎缩，危机尤甚。

库布齐沙漠与毛乌素沙地一样，在古代也曾是匈奴人的良好牧场，草原的破坏始于秦汉时代的移民垦荒。到了唐宋时代，这里出现星罗棋布的沙丘，而清代的垦荒使孤立的沙丘连成一片，从而形成库布齐沙漠。

3.乌兰布和沙漠

乌兰布和沙漠包括河套以西、阴山以南到贺兰山以北的大面积流沙地区。该沙漠东临黄河，向西南延伸包围了吉兰泰盐湖，覆盖了"吉兰泰—河套"古大湖的多道湖岸线，可以分为南部高大沙山覆盖区和北部流沙覆盖区，总面积约为1万 km^2。由于乌兰布和沙漠恰处于中国北方干旱半干旱区，气候与环境的波动性大，生态系统脆弱。

（1）南部高大沙山覆盖区

乌兰布和沙漠曾经是古湖环境，湖水沿着古湖盆地发育，与沙漠腹地的克尔森和保日达布素等沙漠湖泊群连在一起，形成统一的吉兰泰古湖。距今 7000 年，吉兰泰古湖发生严重衰退，湖泊水位迅速下降，导致古湖萎缩，形成多个相互独立的湖泊，在干旱气候的作用下逐渐过渡到盐湖阶段（春喜等，2007）。随着古大湖退缩，吉兰泰古湖的湖滨沉积在距今 7000 年以来的干旱气候背景之下，逐渐暴露于水面之上，干涸湖泊周围的松散沉积物为乌兰布和沙漠的大规模扩展提供了丰富的沙尘物质，在风力作用下陆续不断地被剥蚀、搬运，并在南部和东部地区堆积（范育新等，2010）。

（2）北部流沙覆盖区

湖沼相砂层和风成沙的光释光测年结果反映，乌兰布和沙漠北部流沙覆盖区在距今 8400～6400 年还是浅湖-沼泽环境，之后各地的环境状况可能存在差异，但这些地区在距今 6400～2000 年都没有明显的风沙堆积。在距今 2000～1700 年和距今 800 年前后，不同地区陆续出现风沙活动，并逐渐形成沙丘/沙山等典型的沙漠地貌景观。这一认识与根据汉代古城遗址古墓群中发掘的古钱币和器物得出的乌兰布和北部地区的沙漠景观形成于西汉之后的推断一致。

2000 多年前，乌兰布和沙漠的北部曾是汉朝朔方郡最西部的三个县城，即临戎、三封和窳浑，为汉族移民屯垦的重要地区，并存在一个黄河水积聚成的大湖——屠申泽，说明此时乌兰布和北部地区的气候和环境状况良好（侯仁之和俞伟超，1973）。特别是到了西汉王朝最后的半个多世纪，"朔方无复兵马之踪六十余年"[①]，促进了这一地区人口的繁盛和农牧业的发展。东汉史学家班固曾说："数世不见烟火之警，人民炽盛，牛马布野。"东汉以后，居民纷纷外流，乌兰布和垦

---

① 南朝宋•范晔. 《后汉书•南匈奴传》。

区的生产活动中断[①]（图5-3）。

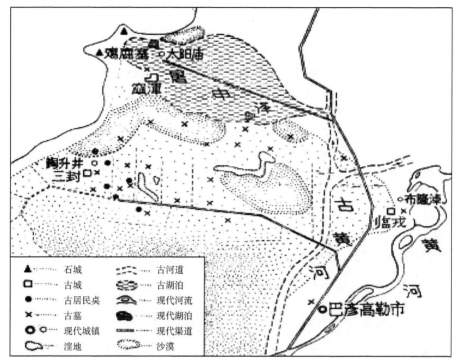

图 5-3 乌兰布和沙漠北部汉代遗迹分布图

资料来源：侯仁之和俞伟超，1973。

总体看，秦汉前，乌兰布和原是匈奴人生活的牧场，后内地迁移的军民在此屯垦耕种，受战乱影响，大量农田废弃，失去灌溉的土地风蚀加剧。1950 年以后，当地又进行了大规模的垦荒耕种，大量沙生植物被铲除，固定半固定沙丘转变为流动沙丘。

4.腾格里沙漠

腾格里沙漠是中国第四大沙漠，南越长城，东抵贺兰山，西至雅布赖山，总面积为 4.3 万 km²，海拔为 1200～1400m。沙漠内部，沙丘、湖盆、盐沼、草滩、山地及平原交错分布。沙丘面积占 71%，其中，7% 属于固定、半固定沙丘。流动沙丘以格状沙丘和格状沙丘链为主，一般高 10～20m，也有复合型沙丘链高 10～100m，常向东南移动。腾格里沙漠的形成可以追溯到更新世，但其确切形成年代由于缺少沙漠内部的地层记录尚不确定。

---

① 东汉·班固.《汉书·匈奴传》。

腾格里沙漠腹地钻孔显示（李再军，2013），距今355万年以来，这里经历了两次比较明显的干旱化加剧过程：第一次是距今285万～260万年，由湖泊和河流沉积物的变化体现；第二次是距今90万～68万年，风沙活动强烈，沙漠出现，湖泊萎缩，湖水变咸，发育化学沉积，温度降低明显，并在距今68万年以后急剧降低。

对位于陇西盆地东北边缘的断岘黄土剖面的研究表明（杨东等，2006），腾格里沙漠自180万年以来经历了多次缓慢发展、缩小、固定与强烈扩展的演变过程。距今180万～110万年，腾格里沙漠较为稳定，以半干旱环境为主；距今110万～80万年，气候相对湿润，沙漠面积相对稳定，变化不大；距今80万～13万年气候出现温湿、半湿润、寒冷干旱、半干旱的多次交替，扩展、延伸的正过程与缩小、固定的逆过程也随之交替出现，气候以干冷多风为主要特征，沙漠变化频繁，并呈扩大之势；13万年以来，腾格里沙漠存在着千年数量级的不稳定变化；距今6000～5000年时，腾格里沙漠大部分固定成壤。

近代以来，由于过度放牧，巴彦浩特至锡林高勒之间的山前草地，沙化面积从20世纪50年代的12%增加至50%，阿拉善盟原有1700万亩的天然梭梭林，现仅存300万亩。

专栏六：宁夏治沙——逼退腾格里沙漠20km

地处腾格里沙漠东南前沿的宁夏中卫市，曾是中国风沙灾害最为严峻的地区之一。中卫市和有关科研单位经多年实践探索出的草方格固沙、政府主导的生态林治沙和以龙头企业牵头的产业化治沙模式，在扭转生态恶化的同时，创造了人类逼退腾格里沙漠20km的奇迹。

1. 从沙漠逼近城市2km到"人进沙退"20km的转变

中卫市地处我国三大风口之一的"西风口"，腾格里、巴丹吉林和罗布泊等多个沙漠生成的沙尘，正是通过这里侵入内陆腹地。

据《中卫县志》记载：到1949年，流动沙丘已逼近中卫县城西门外2km处。中卫市农牧林业局林业经济科一位工作人员回忆说："如果当时不开始防沙治沙，用不了10年中卫城就会被沙海吞没。"

为改善生存条件和生态环境，几代中卫人数十年如一日地对沙漠进行不懈治理。即便如此，直到20世纪90年代初期，沙漠侵蚀仍然是中卫经济社会发展面临的最大胁迫。在1993年5月5日的一场特大沙尘暴中，中卫16个乡镇损失惨重，死亡18人，失踪12人，树木、房屋和牲畜等经济损失高达1 213万元。

近年来中卫市积极转变治沙思路，通过实施生态治沙模式，使腾格里沙漠向远离中卫市的方向倒退了20km，在国内率先实现沙化治理速度大于扩展速度的历史性转变。

中卫市林业部门提供的数据显示，截至 2008 年底，全市林地面积已达到 160 多万亩，已治理的沙地植被覆盖率已由过去不足 1%提高至 30%，植物由 25 种增加至 470 种。不断完善的防风固沙体系，减少和降低了风沙危害，当地风速 5m/s 以上的风沙天气已由过去每年 300d 减少至现在的 122d。

2. "多元治沙"实现"人进沙退"

20 世纪 50 年代，为保证我国首条穿越腾格里沙漠铁路——包兰铁路的畅通，由时任中国科学院副院长竺可桢率 100 多名专家学者奔赴沙坡头进行防沙治沙，经过反复试验，最后通过采用麦草方格锁织固沙，然后在方格内选种耐旱植物，形成人工植被。中国科学院寒区旱区研究所沙坡头治沙站站长李新荣说，这种简易、有效的固沙模式攻克了"流动固沙"的世界性难题，被誉为"人类治沙史上的奇迹"。20 世纪 80 年代，联合国开发计划署将"沙坡头治沙"模式向各国推广，被非洲和中东等国家采用。

多年来，中卫市还通过引黄河水灌溉等方式，沿西北部沙漠边缘规模化植树造林，引入民间资本投资兴办园艺场。目前，已在黄河两岸营造了超过 40 km 长的黄河防护林带，在南山台沙区及北部沙区建立起了 23 万亩的经果林基地，在香山地区和西北部沙漠地区实施封沙育林工程，封育面积达 40 多万亩。

3. 生态治沙产生"点沙成金"效应

中卫市实现人进沙退，关键在于走出一条"波浪式"推进的治沙造林模式，即从西北部的沙漠边缘地区实施防风固沙工程，到沿黄河一线退耕还黄河湿地，再到南部山区的半湿润地区实施大规模的封山造林工程，在局部改善气候的同时，也实现了经济和社会效益。

始于沙坡头的草方格固沙为中卫市留下了巨大的旅游财富，经过多年的综合开发治理，沙坡头被评为国家 AAAAA 级旅游区。

腾格里沙漠年光照时间超过 2800h，沙漠温棚较为干燥，具备生产绿色有机食品独特的自然条件，蔬菜水果发病率非常低、口感好、品质高。近年来，中卫市在腾格里沙漠腹地探索建设现代设施农业温棚，每个温棚的投入为 4.5 万元，但是年收益可达万元以上。目前，一些企业对温棚前景比较看好，投资积极性很高，包括日本等国的企业也前来考察兴业。中卫市据此提出了"沙漠绿洲"计划，即 5 年内建设 1.6 万亩沙漠温棚，20 年内形成 10 万亩规模的现代设施农业。同时，依托温棚建设防风林带，阻挡风沙侵袭。

5.1.2 沙漠化成因分析

1.沙漠化的普遍原因

沙漠化指原非沙漠地区，由于自然因素和人为活动的干扰，导致沙质地表出现类似沙漠景观的土地退化过程。

气候因素特别是年降水量的变化，往往可以影响沙漠化的进程。多雨年则有利于干旱半干旱地带沙漠化的逆转；反之，持续的干旱则促使沙漠化的蔓延。干旱季节与大风在时间上的同步和疏松沙质基础是沙漠化发生的重要自然因素。人为因素则主要包括不适当的政治环境、不合理的开发方式及耕地撂荒等。

一般而言，沙漠化并非单纯的自然过程，而是自然与经济、社会共同作用，且以人类活动为诱导因素的土地退化过程。因此，符合生态机理的人为活动，如调整土地利用结构，合理利用土地，采取适宜预防和治理措施，可实现沙漠化的逆转。需要特别强调的是，虽然我国在沙漠化防治方面已取得了巨大成就，但局部改善、整体恶化的总体态势尚未得到根本转变，其原因在于普遍存在"重治理、轻预防"的误区。因此，在未来的防沙治沙实践中应更多关注沙漠化尚未发生但面临风险的区域，以及沙漠化发展初期的区域，对其进行有效预防（张英杰和宋豫秦，2004；宋豫秦和陈妍，2017）。

2.区域沙漠化成因

历史上该区灌溉农业取得长足进步的同时，灌区土地沙化和盐渍化的记载也不绝于书。由于史籍记载语焉不详，相关灾害记载被片面理解，或者被用来片面宣传农业灌溉造成的负效应，缺乏对灾害与垦殖正负效益关系的辩证解析，给人留下进行农业开发必然导致生态系统恶化和引发沙漠化的片面印象。本节旨在对上述重大问题进行系统梳理，以厘清农业开发和生态破坏的关系。

（1）气候振荡

大柳树生态经济区寒冷干燥，其局地气候和自然环境受气候演化大环境的制约。中国冷暖、干湿气候变化，深刻地、决定性地影响着该区域的物候和生态环境。

竺可桢（1972）在《中国近五千年来气候变迁的初步研究》中总结了我国气候变化的基本规律：在经历了公元前 3000～公元前 1100 年仰韶至殷商时代温暖期和公元前 1000～公元前 850 年西周寒冷期的交替之后，公元前 770～公元初年的战国、秦汉时期进入了新的温暖期；公元 1 世纪～公元 600 年东汉至魏晋南北朝时转入寒冷期，并于公元 400 年达到顶点；公元 600～公元 1000 年隋唐至北宋初年出现了较长的温暖期；公元 1000～公元 1200 年两宋辽金时期则再次转入寒冷期，公元 1200 年降至最低。而在公元 1200～公元 1300 年元代出现短暂的温暖期之后，公元 1300～公元 1900 年的明清时期再次转入第 4 个严寒期，距今 1700 年达到最低点。研究显示，距今 2500 年左右，我国气候转向干燥，1000 年左右再次变干，此后湿润期短，干旱期长。历史上这种冷暖干湿气候的交替运行，导致区域生态环境出现波动变化和易灾、易沙化的特点（于志勇，2011）。

总体来看，秦汉垦殖发展以来，灌区有大约 2/3 的土地出现过不同程度的沙化：第一次发生于东汉至南北朝时期，第二次发生于唐末至宋夏时期，第三次发生于明清时期。即东汉—南北朝、宋金、明清诸寒冷期，是沙漠化的扩张期。

此外，西北地区的干旱环境逐渐加重也是经济区周边范围内沙漠扩展的重要原因。在秦汉暖湿期，气候温暖，雨量适中，毛乌素沙地等以固定状态为主，农业开发向西北深入最远。自公元 1 世纪的东汉开始，环境转入干燥少雨、旱灾频繁的寒冷期。据《史记》和《后汉书》等载，汉建武二十三年，阴山河套以北地区"连年旱蝗，赤地数千里，草木尽枯，人畜饥疫，死耗大半"[①]。在旱灾和干旱风影响下，风蚀大面积发生，沉沙泛起，沙丘活化，促进了沙化过程。东汉时，鄂尔多斯一带已有流沙活动（赵永复，2011）。南北朝干旱严重，在《资治通鉴》、《晋书》和《魏书》等文献中接连出现"六月雨雪，风沙常起"等记载[②]。唐代前期和中期，由于气候暖湿，引黄灌区的发展还不至于对环境产生太大的负面影响，但唐后期，干冷的气候成为土地沙化的自然驱动因素。宋辽金时代，鄂尔多斯及相邻地区干旱记载达每百年 30 次之多，寒冷干旱的气候，导致鄂尔多斯地区植被枯萎，进一步加剧了风沙流及沙丘向外侵蚀。

公元前 193～公元 1467 年，平均每 16 年才出现一个干旱年，但公元 1467～公元 1949 年，平均两三年就出现 1 次旱灾。两汉、魏晋南北朝，旱灾平均间隔为 5.31 年；隋唐至金元，旱灾平均间隔减少至 3.4 年；明清、民国减小至 1.6 年（明代旱灾达 37 年次，大旱 7 次，清代旱灾 74 年次，大旱 13 次）。公元 1470～公元 1980 年，宁夏发生连旱 47 次，其中，2 年连旱 27 次，3 年连旱 12 次，4 年连旱 1 次，5 年连旱 3 次，6 年连旱 4 次。公元 1420～公元 1520 年、公元 1570～公元 1680 年、公元 1770～公元 1890 年恰好分别对应着明清农垦萎缩、沙漠化发展阶段。

综观中国气候演变历史（图 5-4 及图 5-5），黄土堆积、侵蚀加剧、沙尘暴肆虐、沙漠南进，基本发生在气候的干燥和寒冷期，这也是黄河中游环境振荡、下游河道水沙变化及河道变徙加剧的时期。历史上灌溉衰败、农耕退缩和沙漠化等也多发生在气候相对干冷时期。西汉末到南北朝时期，宁夏北部灌区（宁蒙界）、卫宁地区黄河沿岸已出现沙化；北宋、西夏时期，气候凉干，沙地扩展；明清寒

---

① 汉·司马迁. 《史记》。
② 宋·司马光. 《资治通鉴》。

冷期则是土地沙化扩展期。由上可知，气候振荡是西北寒旱地区与中国农牧交错带沙漠进退的首要环境背景。

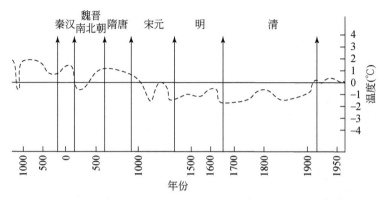

图 5-4　3000 年来中国气温变迁示意图

资料来源：竺可桢，1972。

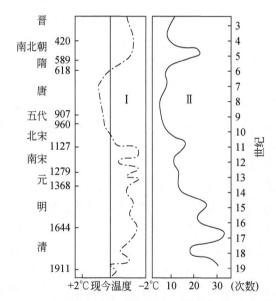

图 5-5　1700 年来中国北部气温的波动趋势及干旱发生情况图

资料来源：吴正，1991。

注：Ⅰ气温变化从物候所得的结果；Ⅱ干旱次数系根据内蒙古及其邻近地区历史文献记载整理

（2）黄河自然变迁

因贺兰山洪积扇推移和挤压，河道侧蚀和下切，历史时期宁夏黄河河道发生过多次变迁，总趋势是区域西部抬升，河道横向东移，进而促使渠线、灌区迁移。

南北朝时期河道上段（吴忠、青铜峡境）在今河道以西；明代灵州城附近河道发生东向变迁，致使州城两次迁移；银川附近河道，原在永宁至贺兰县系列古湖一线，明末才迁移到现今位置；平罗县城处河道明末以来有所东移；贺兰山前，昊王渠、高渠与艾山渠类同。

内蒙古磴口至乌拉特前旗河段，长时期分为南北两河。北河为主流，南河为岔流的形式一直保持至清初。清康熙之后，北河流趋减弱，南河逐步变为主流。

黄河宁蒙河段大部分河道比较宽浅，江心洲滩发育，多股分汊，主流频繁摆动，表现出淤积性游荡河道的特点，部分河段主槽已高出地面。水文泥沙观测资料显示：20世纪50年代河道淤积比较严重，60年代后曾出现了持续20多年的轻度冲刷时期，其后又进入持续淤积时期，河槽萎缩，同流量水位显著抬升。

干燥寒冷阶段，黄河水文（径流、水位）变率加大，极端大旱大涝事件频发，严重影响引水灌溉工程安全。多沙河流引水，引河变迁、渠口渠道淤塞是常见问题，管理经营稍有懈怠，灌溉效益就受影响。这些自然与社会因素，均会导致灌溉发展受限，部分渠系功能退化，垦地闲置，废弃后的渠系、灌区生态便急剧恶化，区域土地沙化随即发生和蔓延。

（3）社会动乱与撂荒

大柳树生态经济区地处农牧交错带，边境冲突和朝代兴亡也是农垦兴衰的重要原因。纵观中国历史，历代封建王朝的晚期往往政治动荡，经济衰败，战乱频仍。就边塞地区而言，屯田军士因需四处转战，导致渠道等水利设施无人管护而遭受破坏，甚或废弃，耕地则不得不抛荒沙化。此种情况2000年来屡见不鲜。根据史料记载，东、西魏分裂对峙时，决渠灌灵州、迁户五千而引发渠系废圮。唐蕃战争期间，吐蕃军马于公元773年、公元778年、公元792年、公元820年数次寇灵州掠盐州，填塞引黄水口诸渠、践踏毁坏营田，致使屯田荒废。宋辽金元吐蕃与西夏对峙战乱，持续两个多世纪，至13世纪中叶，仅西夏对蒙、金战事和内乱、兵变就达20年次。至元元年郭守敬考察河渠，见"兵乱以来，废坏淤浅"，西夏繁盛状不再。明代对少数民族的战事和民变内乱时，也屡屡出现毁坏灌渠、剽掠居民、驱赶牲畜、赤地砂积状。

15世纪中叶的明成化年间，在河套以南花马池一线修筑边墙，大量士卒驻扎于边墙一线，军屯也就势在必行。边墙修成后，沿边之内军屯兴起。明人魏焕记道："自筑外大边以后，零贼绝无，数百里间，荒地尽耕，孳牧遍野，粮价亦平①。"当时地广人稀，耕作粗放，土地开垦之后，不到三五年，即因肥力损耗而撂荒，这些撂荒地受到强劲的风力剥蚀，土地沙化迅速，大片抛荒农田在风蚀沙化作用下成为新的沙源。由于不断开荒和撂荒，再加上过度樵采和放牧，久而久之，本

---

① 明·张萱.《西园闻见录》，卷54。

来就稀疏的植被遭到掠夺性破坏，干旱的沙质土壤变为流沙和沙丘。

侯仁之（1997）指出：现今宁夏和内蒙古之间的乌兰布和沙漠环境的形成，即与汉代的开垦和后来的弃耕有关。今乌兰布和沙漠的北部汉代属于朔方郡，是汉族移民屯垦的重要地区。由于战乱平息、社会安定，有近 60 年的和平环境，以致人口增长、生产发展。《汉书》曾载："人民炽盛，牛马布野"，在这一带发现的城镇废墟和大量的汉墓群证实了当年的繁盛。据研究，当年这里水源丰沛，曾存在一个东西向百二十里的大湖——屠申泽，后消亡，现今已全为流沙掩埋。这一带在汉代开垦前曾是一片大草原，地表为厚约 70cm 的褐土层，其下为粉砂。很可能是汉代的垦区后来发生变迁，耕地被弃，因地表已成裸土，在风力的侵蚀作用下，遂变成尘沙的新来源，导致该地区流沙的形成。值得注意的是，这里在汉代开垦之前即有人类居住，尽管当时气候逐渐变干，但毕竟十分缓慢，而汉代的开垦及随后的弃耕，却大大地加速了土地沙化。

干旱半干旱地区的灌溉农业是由稳定的农耕和水利系统维系的，因社会动乱、政权更迭和制度崩溃造成的灌溉废弛、营田荒芜、军民流散，成为历史上水利衰败、土地沙化的主要社会原因。纵观中国历史，社会动乱与王朝更替往往发生在气候变冷、生存环境恶化之际，社会灾难与自然灾害的耦合，加速了生态系统失衡。

（4）盲目扩大垦殖

以灌溉农业为中心的开发，是一个涉及产业结构调整的全方位开发。历代封建王朝组织实施的西北农业开发活动，立足于拓边、安边、实边的战略目的，立足于增土地、要粮食、徙人口，这一过程是对原生农牧产业、土地利用结构进行的空前变革。历代的王朝集财力、调军民，大规模开垦宁夏南北草场、山林，短期内促进了灌溉农业的发展，粮食产量剧增，但对脆弱生态环境的粗放开发，也在宁南黄土地区造成了水土流失，在宁夏中北部造成了土地沙化。

北魏时，宁北地区已出现沙化，兴修艾山渠的刁雍奏折最早记录了此现象。唐宋大开发，致使草原、山林被进一步破坏，引黄灌区的沙化面积扩大。宋夏对峙时期，气候干冷，但边关拉锯对立促进了屯田发展，沙化面积继续扩大。宋太宗在今盐池西南置清远军，在"七百里旱海"屯田，因环境过于恶劣而失败，遗患后世。有学者统计，宋夏时期，宁夏沙化土地面积已达到现代全区沙化面积的1/4。

明清于此开荒垦殖更甚，河东沙化日盛。永乐年间，屯垦仅 8337 顷，万历年间宁夏镇屯田已达 18 000 顷。明代在灵武至定边县大修边墙，严重破坏了地表土层，明军烧荒，破坏了墙外草原，沿边墙的内地屯垦，也破坏了墙内的生态环境。花马池城一带盲目随边关军屯而起的垦殖，和北宋一样，也带来了严重的生态恶果。至康熙征噶尔丹时，花马池城已处于即将被流沙湮没的状态。清代人口激增，宁夏垦殖更盛。宁夏府人口，从万历末的 129 570 人，迅速扩展到乾隆间的 1 352 525 人，增长超过 9 倍，宁夏平原周边山地的垦殖压力已超极限。

宁夏出现的上述问题也发生在生态系统极其脆弱、半农半牧的甘蒙陕地区。河西绿洲沙漠化除气候原因外，垦殖活动影响巨大。汉末，民勤西沙窝北部三角城周围、西部沙井柳湖墩、黄蒿井、黄土槽一带和古居延三角洲下部等地区，沙漠化总面积已达 1680km²。隋唐、明清人口压力加大，嘉庆时，河西甘、凉、肃和安西有 25.5 万户，约 127.4 万人，垦殖超出绿洲生态承载力，沙漠化进一步发展。内蒙古乌兰布和沙漠北部流沙覆盖区在新石器时代是浅湖—沼泽环境，汉代以后的大规模开垦、弃垦导致了土地荒芜，距今 2000～1700 年开始了大范围的风沙活动。

综上所述，该区沙漠化的成因大致如下：一方面，当地干旱多风，地表多为砂性母岩，为土地沙化提供了沙地基质，而气候振荡，导致生态环境的波动变化，也是土地沙化的自然因素；另一方面，社会动荡引发的撂荒、渠系废弃，人为滥垦、滥牧、滥樵采，则加速土壤风蚀。前者是内因，后者是重要的诱发条件，两者互相耦合。土地沙化并非是灌溉、垦殖发展的必然结果，气候恶化，战乱频仍才是其症结。

5.2　灌溉农业形成绿洲

5.2.1　灌溉农业形成绿洲的机理

绿洲灌溉农业是在干旱半干旱地区，依靠地表径流和地下水建立的农业生产系统。灌溉农业在我国集中分布于西北地区的河套平原、宁夏平原、河西走廊和新疆天山南北。

大柳树生态经济区地处西北腹地，气候干燥少雨，仅靠天然降雨发展旱作农业，不仅很难保证作物对水量的最低需求，而且极易破坏地表结皮层，导致土地生产力退化和丧失。而退化的土地和裸露的地表，又助长了风蚀作用，形成恶性循环。因此，引入外部水资源，发展灌溉农业，是干旱半干旱地区建设新绿洲的唯一路径。

普通的旱作农业主要靠天吃饭，但西北地区常年缺水，而水又是农业发展的首要因素。在天然降水不足的情况下，灌溉（畦灌、沟灌、淹灌和漫灌）农业可以通过各种渠道引入水资源，水从地表进入田间，借助重力和毛细管作用浸润土壤，被作物吸收利用。

引入水资源进行灌溉后，还可以在新开垦的土地周围种植防护林带，形成一定的小气候，在局地小气候的作用下，防护林与农田逐渐成为小绿洲。当多个小绿洲连接在一起之后，就形成大绿洲，并遂步演替成相对完善和稳定的绿洲生态系统。

5.2.2 灌溉绿洲的稳定性

灌溉绿洲的稳定性与灌溉农业的结构、绿洲的生态系统功能息息相关。对灌溉农业形成的绿洲，其稳定性具体表现在抗干扰能力和绿洲生态系统的恢复能力两方面。

由灌溉农业形成的绿洲生态系统大多都具有相对的稳定性，其基本的自然资源组成与结构也较为均衡。首先，从外界引入的水资源通过沟渠等源源不断地输入绿洲。其次，农作物的生长可以固定土壤，稳定土壤结构，使得干旱的土壤重新恢复生产潜力和生态承载力。绿洲中生长的植被群如杨柳科和榆科植物等，均具有较强的抗旱、御风和耐盐能力，其根系深入而发达，虽然叶子小而稀，郁闭度小，但仍可以充当绿洲的防护体系，抵御风沙，有利于增强整个绿洲的稳定性。

从灌溉绿洲的土壤类型来看，其突出特点是由灌溉形成且保有一定厚度的淤泥层，可孕育高肥力、高熟化的耕作土壤，其中富含有机物、氮素和可溶性盐。淤泥层厚度取决于灌溉水的泥沙含量，也与灌溉历史、耕作特点、风蚀强度和上风向地理特征等有一定关系，一般在 1m 左右。绿洲土壤越厚，稳定性也越高。

自然形成的绿洲多属结构简单、功能单一、抗灾害能力较低的生态系统，而通过灌溉农业形成的绿洲，可以优化绿洲的植被类型，健全绿洲的林网系统，使绿洲结构更加稳定，功能更加多样，生态服务价值更高。节灌技术、优良农作物品种的选用及地膜覆盖技术，则可实现灌溉绿洲整体效益的快速提升，进而促进社会稳定，凸显绿洲规模化、连片化的红利。

5.2.3 典型例证

河套灌区是黄河中游的大型灌区，位于内蒙古西部的巴彦淖尔境内，北依阴山山脉的狼山、乌拉山南麓洪积扇，南临黄河，东至包头市郊，西接乌兰布和沙漠。河套平原是我国设计灌溉面积最大的灌区，农业发展历史也最为悠久。

黄河在流经河套灌区时形成马蹄形的大弯曲，河套平原即为黄河及其支流冲积而成，地广阔平坦，土壤肥沃，可引黄河水自流灌溉。

河套灌区土壤以盐渍化浅色草甸土和盐土为主。当地热量充足，全年日照为 3100～3200h，10℃以上活动积温为 2700～3200℃，无霜期为 120～150d，一年一熟。作物种类繁多,有小麦、甜菜、玉米、胡麻、葵花、糜子及瓜果与蔬菜等。但雨量稀少,年降水量仅为 130~250mm,而年蒸发量达 2000~2400mm,湿润度为 0.1~0.2。黄河年均过境水量为 280 亿 m^3,水质较好,故这一地区发展灌溉农业条件优越。

虽然河套灌区在秦汉及唐代已经形成规模化的农业,但由于自然与社会条件所限,并未出现大规模的完善灌溉系统。清代黄河改道后,当地才具备满足大规模农业开发的灌溉条件。清朝后期,陕西、山西的大批移民迁至塞外,河套地区开始成为西北最重要的农业区,故而光绪年间这里形成了八大灌渠。抗战时期,傅作义屯守此地,兴修水利,筹集军粮。中华人民共和国成立后,这里的灌溉农业不断发展和完善。1951 年建成黄河三盛公水利枢纽工程,1975 年完成 180km 长的总排干渠(二黄河),同时进行了较全面的配套工程建设,支、斗、毛渠纵横交错。1961 年建成了三盛公拦河闸和总干渠引水枢纽工程,并开挖了贯穿河套灌区东西长 180km 的总干渠,总干渠上建有 4 座分水枢纽,分别为各大干渠调控水量。1961~1981 年,灌溉面积扩大了 200 万亩,平均每年增加 10 万亩。至 2013 年,河套灌区已发展为东西长为 250km,南北宽为 50 余 km,总土地面积为 1 784 万亩的大型灌区,成为亚洲最大的自流引水灌区。

河套灌区经过长期发展已形成稳定性很强的人工绿洲,是我国第七大作物产区,盛产小麦、玉米、高粱、糜黍、胡麻、甜菜、酒花和葵花籽等作物,被誉为"塞上谷仓""塞外米粮川"。

由此可见,在西北干旱半干旱地区,通过合理发展灌溉农业,不仅能够有效控制沙漠化,还可以合理利用土地资源,在确保农业持续、稳定发展的同时,使当地居民生活状况得以改善,形成经济效益、社会效益、生态效益的"三效"共赢。

5.3 旱作撂荒导致沙化

5.3.1 旱作撂荒导致沙化的机理

旱作农业指在无灌溉条件的干旱半干旱和具有干旱特征的半湿润地区,主要依靠天然降水从事农业生产的一种雨养农业。随着人口压力不断增加,仅仅依靠游牧已经远不能满足生存之需,人们只得大面积开荒种粮。

在开垦旱地的过程中,由于生产力水平较低,农民大多沿用会对地表植被及土壤结构造成严重破坏的传统翻耕方式。实验表明,在风速相近、吹蚀时间相同的条件下,翻耕农田的土壤侵蚀程度比未翻耕的土壤要大得多。其主要原因有三:首先,翻耕后地表结皮层被损坏,土壤表层裸露于风沙之中,水分蒸发加快,土壤含水量降低，土壤结构被破坏；其次，作物收获之后地面失去覆盖，成为完全裸露的地表，从而加剧了风蚀作用；最后，同样的风速下，挟沙风对土壤的风蚀作用比净风的风蚀作用强得多，而土地翻耕后由于水分大量蒸发，土壤中的细粒很容易被风吹起形成挟沙风，这又进一步加剧了风蚀沙化。风蚀不仅导致土地沙化，而且可以吹跑种子或拔起幼苗，迫使多次播种与改种，极大地降低了产量，因而很多旱地开垦 3～5 年后就会被弃耕，进而沦为流沙。

农田风蚀沙化主要有大面积"平铺式"和局部"斑块状"两种类型。"平铺式"风蚀沙化危害范围大，但程度较轻。研究表明：当饱和风沙流经过平坦开阔的农田地表时，在风速不变的情况下，很少引起风蚀和积沙现象，而在风力逐步增强或风沙不饱和的条件下，土壤中部分颗粒会随风移动，进而发生风蚀。例如，当强风由草地吹经裸露农田时，处于不饱和状态的起沙风极易造成农田风蚀，这也是在草地中开垦农田易发生风蚀的原因。"斑块状"风蚀沙化虽然危害范围小，但程度十分严重，其发生主要是由于农田上风向局部条件发生变化，如林网缺口和沙丘垄间风谷等使农田中局部风力突然增强。其结果导致农田局部出现风蚀洼地或风蚀坑，形成漏水漏肥的"漏沙地"，使其不能正常耕种收获，最终发展成为撂荒地，而洼地中心及下风沿的两个风速高值区，又使洼地不断扩展并加深。

随着风蚀的进一步发展，除了地表粗化、土壤肥力下降之外，还会引起下风向流沙堆积，加大风沙活动的面积和影响。此外，弃耕后的沙地次生植被不能很快恢复，也不能形成深厚的生草层和坚实的结皮层，很容易在大风作用下受到破坏，造成风蚀缺口，成为风蚀继续的起点，沙化便不断发生并加剧。

5.3.2 撂荒耕地的脆弱性

因撂荒耕地地表原有植被和土壤结构已被破坏，自然恢复能力较差，等到植被实现自然恢复时，土壤已经粗化，其生产潜力下降。若重新进行粗放的农牧业开发，土壤条件往往难以为继，导致整个区域的生态系统更加脆弱。

撂荒耕地的脆弱性主要表现在以下几个方面：首先，土壤的机械组成发生变化，即土壤黏粒含量下降，沙粒含量增加，同时随着土壤中细粒组分的吹失和中粗沙的沉积，土体结构破坏，土壤进一步单粒化。其次，土壤的水环境发生变化，表现为含水量减少。土壤的粗粒化，必然引起土体的分散和结构的破坏，使得土壤容重增加，孔隙度降低，从而持水性能下降。最后，土壤的养分环境发生变化，表现为有机质、氮和磷等养分减少。其衰减一方面是因为大部分的有机物质与细粒组分结合，在风蚀过程中随着细粒组分的吹蚀而丧失；另一方面是因为伴随着土壤的粗化和土壤结构通透性增加，土壤的养分难以得到维持。土壤理化性质的改变，使撂荒耕地面临很大的沙化风险。

5.3.3 典型案例

历史上，毛乌素地区曾孕育了以原始农业为主体的仰韶文化。到了西魏、北周、隋唐时期，这里一直是北方重镇，曾有"水草肥美，群羊载道"之誉。关于当地沙漠化的成因，除了自然气候的作用之外，从历史时期至今，旱作撂荒始终是其重要的原因。从毛乌素沙地的扩张进程中可以发现许多人类盲目垦殖、旱作撂荒导致沙化的现象。

唐中叶之后垦殖活动已经比较普遍，到了宋朝，由于连年战乱，为了解决大量驻军、当地百姓及马匹所需粮草供给，毛乌素地区更是大兴垦殖，生态环境破坏非常严重。恶劣的气候、过度的垦殖及耕田的撂荒，均加速了毛乌素地区的沙漠化。

毛乌素沙地在元朝相对稳定且有所恢复，但在明朝又再度扩张。据史料记载，毛乌素地区在明朝初期尚水草茂盛，而此后由于军屯、民屯增多，有些地区出现了"数百里荒地尽耕，孳牧遍野"的景象。干燥的气候加上军垦及土地撂荒等因素，使得毛乌素地区的沙化状况再度"失控"。

清代毛乌素地区的沙化继续扩展，清政府实施"移民实边""开放蒙禁"措施，对当地的草地破坏十分严重。清末，长城沿线白泥井、柠条梁、小桥畔与城川一带占地滥垦，以致沙漠化加剧，形成耕地与流沙、半固定沙丘和固定沙丘交错分布的景观。

民国时期，政府对毛乌素沙地垦殖实施奖励政策，军阀、地商和地方豪绅遂竞相开垦。1941 年，傅作义任命陈长捷为当时的伊克昭盟警备司令，以解决军粮之名，向蒋介石建议在伊盟开垦土地 10 000 顷，蒋介石指示先试垦 5000 顷，如可行，再扩大开垦。陈长捷派人引领陕西神木和府谷等地的农民北迁伊金霍洛旗，很快伊克昭盟牧场及召庙地都被开垦，甚至连成吉思汗陵附近的禁地也被开垦了 1 万 hm^2。除了上述规模较大的移民外，因蒙古王公私垦而引起的零星移民在民国时期从未停止（杨永梅，2007）。

中华人民共和国成立以来，人口迅速增长，人口压力、粮食需求、经济效益的驱使加重了该地区的垦殖，进而导致沙化加剧。以鄂尔多斯为例，1948 年以前沙漠化面积为 100 万 hm^2，1977 年增加至 400 万 hm^2。伊金霍洛旗纳林塔乡淖壕大队，20 世纪 50 年代还是一片以臭柏、柠条为主的固定、半固定沙地，后来无序开荒种地，结果使一半的土地重度沙化，流沙高 5～6m，另一半则成为中度沙漠化的半固定沙地（张文彬，1989）。十年"文革"时期，在"深挖洞、广积粮""以粮为纲"和"牧民不吃亏心粮"等政策指导下，毛乌素沙地更是遭到了大规模的农垦破坏。以伊金霍洛旗为例，在中华人民共和国成立初期，耕地面积为 8.21 万 hm²，而此后的 25 年间，进行了 3 次大规模开荒（1955~1956 年、1958~1962 年、1970~1973 年）。据不完全统计，到 70 年代中期，该旗累计开荒面积超过 7 万 hm²，耕地保留面积仅为 3 万 hm²，累计撂荒、退耕面积达 9 万 hm²。大面积的旱作撂荒无疑加剧了毛乌素地区的沙化进程。

总之，旱作撂荒这种粗放的农业发展模式不仅导致生态破坏，土地沙化，并且造成土地资源的浪费，农牧业的发展因此受到极大限制，也不利于改善当地居民的生活状况，导致生态效益和经济效益同时下降。

第6章 生态农牧业开发的必要性及可行性

6.1 必 要 性

6.1.1 破解民族地区生存困境

大柳树生态经济区内的部分区域自然条件恶劣，人类生存条件极差。该经济区在宁夏范围内的原州区、海原县、同心县、盐池县、红寺堡开发区位于其中部干旱带，是宁夏最贫困的区域。此外，中南部地区共有贫困人口100万人，其中，35万人在"十二五"期间实施生态移民搬迁，剩余65万人按照规划也将要向大柳树生态经济区搬迁。该经济区在内蒙古范围内共有贫困人口16.02万人，省定贫困县阿拉善左旗和阿拉善右旗农牧区有贫困人口2.02万人。该经济区在陕西只涉及榆林市白于山区的定边、靖边、横山3县（区），以国家2300元新扶贫标准，白于山区有贫困人口25万人。经济区在甘肃省境内有贫困人口31.23万人，其中，民勤县是插花贫困县，有贫困人口2万人，古浪和景泰是六盘山特困片区县，分别有贫困人口20万人和9.23万人。

大柳树生态经济区的贫困主因是自然环境恶劣、人口压力大和生态环境恶化。以位于黄土丘陵地带的宁南山区为例，当地土地贫瘠，水资源奇缺，农民只能开发旱耕地，靠天吃饭，时常出现连年颗粒无收的现象，不得不断寻求更多的土地资源进行开发，陷入"越穷越垦、越垦越穷"的恶性循环。再如，腾格里沙漠腹地自然条件恶劣，当地牧民只能通过过度放牧维系生计，而过度放牧引起的草场退化，又致使牧民生存条件进一步恶化。经济区部分地区为老少边穷地区，扶贫开发和小康建设任务艰巨。面对上述贫困现状，生态农牧业开发成为解决生态难民生计问题的必要举措。

6.1.2 建设西北生态屏障

沙尘暴是我国西北地区多发的气象灾害,近年来仅特大沙尘暴就发生过 8 次,波及的范围愈来愈广,造成的损失愈来愈重。例如,2002 年 3 月 18 日~21 日,沙尘天气过程袭击了中国北方超过 140 万 km² 的大地,影响人口达 1.3 亿;2010 年 4 月 24 日甘肃敦煌、酒泉、张掖和民勤等 13 个地区出现沙尘暴、强沙尘暴和特强沙尘暴,其中,民勤县在当天傍晚时分的能见度接近 0m。近几十年来频发的沙尘暴对生产、生活造成了巨大影响。由此可见,改善生态环境,遏制沙尘暴是我国北方生态建设的重要任务。

大柳树生态经济区横跨西北草原荒漠化防治区和黄土高原水土保持区,我国的四大风沙通道中有两个(祁连山—贺兰山、贺兰山—阴山山脉)都在其范围内。因此,该区域是我国生态安全战略格局的关键组成部分,承担着生态屏障的重要责任。

按照"建设小绿洲,保护大生态"的理念进行生态农牧业开发,并配合区域人口分布调整,将有助于实现周边 23 万 km² 沙漠、沙地、黄土丘陵休耕、休牧和封育保护,促进区域生态系统休养生息,最终形成以河套平原为中心,辐射黄土丘陵、毛乌素沙地、腾格里沙漠、巴丹吉林沙漠的绿洲生态系统,有效遏制沙漠扩张,增加周边地区森林覆盖率,提高退化草场植被覆盖度,构建起北起阴山、南抵六盘山的西北生态屏障,减少区域风沙对东部和首都经济圈的侵袭,保障国家生态安全。因此,通过小绿洲建设阻断风沙通道是构筑生态屏障的迫切需求。

大柳树生态经济区是发展旱作农业的生态高危区,而自汉朝以来,人类在西北地区频繁的军事活动和反复的开荒及撂荒对本就脆弱的生态系统造成了严重的破坏,土地沙漠化、盐碱化严重。近代农牧业开发过程中,人们盲目追求生产数量及经济效益,生产过程中的大水漫灌和滥用化肥农药等行为,虽然在短期内增加了粮食产量,但浪费资源、污染环境,从长远看,必将付出巨大的生态代价。因而,为了解决传统旱作农业带来的生态破坏问题,经济区急须走生态农牧业开发之路。

6.1.3 缓解区域结构性粮食短缺问题

大柳树生态经济区粮食产需结构不合理,口粮短缺问题突出。2013 年当地粮食总产量为 1847 万 t,小麦和稻谷等基本口粮占比为 18.3%,人均供给水平仅为 115kg,而人均消费水平为 207.9kg,供给能力远小于需求。除宁夏供求基本平衡外,其他地区均为口粮短缺区。全区 60%以上人口基本口粮消费需要从外地调入,陕西、内蒙古所属地区需要从外省调入大量稻谷,年调入量为130多万t。现除宁蒙引黄灌区外,其他多数地区可供种植的耕地多属旱地,种植品种多为耐旱的杂粮、油料和薯类等作物,受气候因素影响,农业产量低而不稳,常因发生大面积干旱而绝收。例如,2011年8月,内蒙古地区发生严重干旱,受旱范围涉及阿拉善盟大部、鄂尔多斯市北部和巴彦淖尔市西部等地,干旱面积达46.57万km^2,占全区总面积的40.74%,其中,重旱面积为11.27万km^2,中旱面积为16.83万km^2,轻旱面积为18.47万km^2,农牧业生产因此受到严重损失。此类情况在宁夏、甘肃和陕北也常常发生,直接影响区域农业生产和粮食供给。由此可见,目前当地粮食生产任务异常艰巨,急需解决结构性粮食紧缺问题。

大柳树生态灌区建成后,将大幅增加区域粮食产量,其中玉米产量分别增长50%~75%,可根本改变全区域口粮长期依靠调入的局面,扭转区域口粮短缺状况,其中,陕西、内蒙古所属8个旗(县)160万人的口粮需求从几乎全部外调变为自给自足。

随着人口增加和国民生活水平的提高,我国粮食产量缺口正不断扩大,供求平衡压力日益增加。虽然稻谷产需基本平衡,但籼稻有余,粳稻不足,优质小麦缺口大,玉米消费需求增长快。受品种结构影响,我国粮食进口量持续增加,食用植物油更是高度依赖进口。目前,我国人均耕地面积不到世界平均水平的40%,优质耕地只占全部耕地的1/3。2010年8月国家发展和改革委员会主任张平向全国人民代表大会常务委员会报告粮食安全工作情况时指出,尽管实行最严格的耕地保护制度,但受农业结构调整、生态退耕、自然灾害损毁和非农建设占用等因素影响,耕地数量仍逐年减少。因此,开发宜耕后备土地资源是保证18亿亩耕地红线的重要途径。根据《全国土地利用总体规划纲要(2006—2020年)》(简称《规划》),我国耕地后备资源潜力为1333万hm^2(2亿亩)左右,但主要分布在水源不足和生态脆弱的西北地区,需在保护和改善生态环境的前提下,依据土地利用条件,有计划、有步骤地推进后备土地资源开发利用,组织实施土地开发重大工程。《规划》要求到2020年,通过开发未利用地补充耕地139万hm^2(2080万亩)。

目前我国13个粮食主产省区中只有5个省份能够稳定地输出粮食,辽宁、湖北、四川已经成为缺粮省份,未来的粮食输出只能越来越依靠黑龙江、吉林、内蒙古和陕西等少数几个省份。

大柳树生态灌区地域辽阔,地形平坦且土地集中连片,开发潜力巨大,在水资源充沛的情况下,可发展灌区6500万亩。在目前我国粮食单产能力乏力的状况下,加强后备土地资源有效利用,将对我国西部乃至全国未来粮食安全形成有力支撑。

大柳树生态灌区远期规模建成生效后,区域粮食总产量将达到2628万t,占全国粮食总产量的4.4%,其中,新增小麦产量309万t,达到近年我国小麦进口量的 56%；新增玉米 471 万 t，达到近年我国玉米进口量的 86%，可有效缓解目前我国"三大品种"进口量持续增加的局面，降低我国粮食对外依赖，增强粮食安全保障能力。

专栏七：我国粮食安全形势

根据国家统计局公告，2013 年全国粮食播种面积为 11 195.14 万 hm²，粮食总产量为 60 193.5 万 t，单位面积产量为 5376.8kg/hm²。主要粮食产量包括小麦 12 172 万 t，稻谷 20 329 万 t，小麦和稻谷产量占粮食总产量的 54.0%；玉米 21 773 万 t，其余为杂粮和薯类等。

根据中华粮网相关信息，2013 年全国粮食"三大品种"总需求量为 50 525 万 t，其中，口粮消费 25 830 万 t，饲料用粮 15 065 万 t、工业用粮 8090 万 t、其他用粮 1540 万 t。品种结构上，小麦需求 11 650 万 t，稻谷总需求 19 660 万 t，玉米总需求 19 215 万 t。全国小麦、稻谷、玉米人均需求量为 371.31kg。受品种结构的影响，我国粮食进口量持续增长，2013 年进口谷物约为 1758 万 t，其中，小麦和稻谷进口 1208 万 t。根据有关信息，我国 2013 年超越埃及，成为全球最大小麦进口国，同期超越尼日利亚，首次成为全球最大的大米进口国。大豆进口突破 6000 多万 t，食用植物油消费对外依存度超过 60%。

根据我国近年粮食产需及其品种结构情况看，我国粮食安全的基本特征是紧张平衡、脆弱平衡、强制平衡，即总供给保障所有人口的食物和粮食安全的能力有限，粮食保障资源条件贫乏，经济社会要素投入大，依靠政府强力主导。

1. 粮食消费刚性增长，需求量不断增大

当前和今后一个时期，我国人口大国的特征不会改变。2013 年，全国人口达到 13.6 亿人，占世界人口比重为 19%，且今后 20 多年内，我国人口依然处于较高的增长趋势。随着人口增加、人民生活水平提高，特别是城镇化加快推进，吃商品粮的人口将越来越多，粮食需求将继续刚性增长。据《中国的粮食问题》白皮书预测，到 2020 年，中国人口将达 14.3 亿人，粮食需求将达 58 500 万~59 200 万 t，届时国内粮食供应缺口将在 4000 万~5000 万 t。另据有关学者研究，到 2030 年，因人口增长和粮食产量下降，中国缺粮将达到 2.07 亿 t。中国"三大口粮"净进口的局面在短期甚至相当长的时期内将依然存在，粮食紧张平衡将是我国粮食安全的长期态势。

另外，由于国内食用油的种植、生产成本远高于进口食用油价格，我国大豆和植物油产需缺口持续扩大，对外依存度高达 60%。2013 年大豆和食用植物油进口量达到 6000 多万 t，一旦进口受到限制，依靠国内生产需要 2 亿亩耕地，

这样将会大大挤压粮食作物种植面积，打破我国现有粮食紧张平衡的状态。

2. 农业资源短缺态势加剧，粮食增产能力有限

首先，据国土资源部数据显示，1996～2006 年，全国耕地减少约 1.24 亿亩，其中，超过半数是分布在珠三角和长三角平原的沃土。近十年来，仅城镇建设增加用地 4178 万亩，大多是优质耕地。今后，随着我国城镇化进程的不断加快，预计未来一个时期，我国城镇建设用地还将继续扩大。其次，土地沙化和水土流失等自然灾害也严重影响我国耕地质量，尽管通过 10 多年退耕还林还草等保护措施，我国生态环境恶化态势得到部分遏制，但总体形势尚未根本扭转。据相关部门统计，每年全国水土流失和沙化土地面积达上千万亩，严重影响着耕地质量。面对我国耕地资源数量减少和质量下降的双重压力，如果不开辟新的耕地资源，现有的耕地将无法满足人口增长和人民生活逐步改善的需求。

3. 耕地污染严重，加剧了粮食安全的危机

近年来，国家不断加大污染治理力度，工业领域所形成的重金属污染态势有所缓解，但耕地污染在短期内难以得到根治，在相当长的时间内将严重影响农业生产。据 2014 年《全国土壤污染状况调查公报》数据显示，全国土壤污染总超标率为 16.1%，其中，耕地点位超标率达到 19.4%。在土壤污染中，无机物污染达到 82.8%。另外，全国有 70% 的江河湖泊受到不同程度的污染。严重的耕地与河流污染，直接影响我国农产品安全，进一步加剧了我国粮食保障的风险。

4. 粮食跨省流通大幅递增，影响粮食供给安全

近年来，我国粮食区域供需格局发生明显变化，由原来的"南粮北调"转变为"北粮南运"，北方地区成为粮食主产区，粮食产量在全国的比重逐年上升，产需节余显著增加。东南沿海各省成为粮食短缺区，且缺口逐年扩大。从"湖广熟、天下足"的荆楚大地，到天府之国的四川，越来越多鱼米之乡需依靠"北粮南运"确保饭碗。主产区与主销区的空间距离进一步拉大，省际粮食流通量由 2004 年的 1.15 亿 t 增加至 2010 年的 1.45 亿 t，跨省区调运和流通已成为常态，并呈逐年增长的趋势。目前国内 75% 以上粮食产量、80% 以上商品粮、90% 左右粮食调出量来自主产区，7 个主销区年粮食缺口在 7000 万 t 以上。这种跨省区大规模的粮食调运，造成粮食流通环节增多，运输损耗加大，贸易成本升高，进一步加大了保证粮食安全的难度。尤为严重的是随着城镇化、工业化的发展，粮食主产区的生产潜力和生产能力面临着新的挑战。

6.1.4　发挥光热资源优势

大柳树生态经济区区位条件得天独厚，光热资源丰富，年日照时数为 3000h 以上，年平均气温为 5～10℃，昼夜温差为 13～15℃，无霜期为 160d 左右，具有发展特色农牧业的优势。当地出产的枸杞、瓜菜、葡萄、马铃薯和畜牧产品等，品质良好，在全国享有盛誉。然而，受水资源短缺及当地社会经济状况所限，区内区外龙头企业发展起步和进入都相对较晚，难以带动当地产业规模化发展，资源优势尚未得到充分发挥。

作为"丝绸之路经济带"的重要节点和中阿经贸合作的重要窗口，国内外市场对大柳树生态经济区的清真食品和中草药材等特色农牧业产品的需求有望上升。鉴此，大柳树生态经济区的资源优势亟待转化为发展优势，对我国向西开放的战略发挥支撑和拉动作用。

综上所述，大柳树生态经济区迫切需要实现由传统农牧业向生态农牧业的转变，以节水、集水和水资源高效利用为该区发展生态农牧业的核心，突出草原生态建设、畜牧业、特色农业和节水农业等，转变发展模式，走集约化、产业化发展道路，形成我国内陆生态防护型与特色无公害农牧产品基地型相结合的生态农牧业体系。将农牧业经济增长与生态环境改善相结合，达到经济效益、社会效益和生态效益的"三效"统一。

6.2　可　行　性

6.2.1　土地资源丰富

大柳树生态经济区地形平坦且可耕地集中连片，根据对灌区范围的初步分析，宁夏、内蒙古和陕西三省（区）以 1300～1500m 高程为界，远期规划灌区面积为1920 万亩。根据水源条件，将来可供开发土地的范围还可进一步扩大。首先，对灌区东边鄂尔多斯台地上的内流区，其高程多在 1400m 以下，地形亦较平缓，在扣除其南部近远期陕西灌区后，还有大片集中连片的土地资源。其次，在内流区以东，黄河北干流右岸支流窟野河、秃尾河及无定河的上游河源区，地形也较为平缓，高程为 1200～1400m，亦可由大柳树水库引水灌溉。初步估算灌区远景发展规模可达到 5800 万亩，按照节水农业模式发展，保守估计可增加粮食 0.5 亿 t以上。

6.2.2 集约农牧业开发可规避沙漠化

沙漠化的人为原因主要分三个方面：一是历史时期因战乱导致已开垦的灌区出现大规模撂荒。目前，战乱因素不复存在，不会因撂荒产生沙漠化问题。二是新灌区开发过程中，部分灌区由于"水未至，土地平整先行"，导致地表原有植被遭到破坏，而农业生产体系尚未建立。例如，红寺堡开发区在开发初期，尤其是2001 年前后出现沙漠化加剧和沙尘暴天气频仍等现象，但随着水资源条件的改善、农业生态系统的建立，沙漠化受到遏制并实现逆转，沙尘暴天气发生频率已由建区前的月均 20～28d 下降至年均 15d 以下。三是旱耕地的无序开发破坏了地表植被。当前，旱耕地的开发已经得到了有效控制，随着旱作节水农业示范工程的逐步推广、耕作技术日益成熟，现有旱耕地引发的沙漠化趋势也逐步得到遏制。与此同时，由于水浇地的开发，生态移民方案得以有效实施，有力保障了退耕还林（草）、封山禁牧的实施效果，人工饲养代替了原有的放养模式，过度放牧的现象得以有效控制。以孪井滩生态移民示范区为例，通过 10 余万亩水浇地的开发，以放牧为生的近万牧民得以安置；通过对天然草原进行围栏封育、轮牧、休牧和禁牧，依靠大自然的自我修复能力，近 2000 万亩天然草地得以恢复，草原超载过牧、失序利用导致生态环境恶化的趋势被彻底扭转。通过对宁夏及其周边地区卫星遥感图片的解析及荒漠化和沙化状况资料的分析可知：受益于灌区水浇地的开发，2009 年宁夏荒漠化土地面积比 2004 年减少了 757km^2，沙化土地减少了 204km^2，具有明显沙化趋势的土地减少了 217km^2，被认为是防治荒漠化最为成功的地区之一。因此，灌区水浇地的开发是该区域防治荒漠化、改善生态环境的有效途径。

6.2.3 适宜的发展模式可以规避盐渍化

盐渍化的形成主要取决于两个因素：一是大水漫灌或渠道渗漏补给使灌区地下水位迅速上升，强烈的潜水蒸发使地下水中的盐离子浓度大幅度提高，并顺毛细管迅速上升到表层土壤中不断积累，使非盐化土壤也处于次生盐渍化状态；二是灌区排水体系不畅通，灌溉区域的土壤盐分未能随地下径流排泄掉，导致高地灌溉对低地土壤产生影响，使低地土壤处于积盐状态，逐渐形成盐渍化。

近年来，盐渍化治理已取得了一定成效。例如，通过企业主导、市场运作的方式，增加银北地区种草养畜面积、加大以渔改碱的改良盐碱地示范力度，每年可改良盐碱地 20 万亩；再如，红寺堡光彩村近 2000 亩盐渍化土地通过改良后种植枸杞实现了土地效益的增值。同时，通过区域排水渠道的建设，部分盐渍化土壤也得到了一定程度的改造。

随着水资源利用效率的提高，大柳树生态经济区内宜农荒地有望得到高效的开发利用。未来通过对土地开发计划的环境影响评价，识别出有可能发生盐化的地区，以及可能产生的强度与危害，对此进行充分的评估，积极稳妥地实施节水灌溉措施，规划和建设完善的灌排水体系，建立科学的灌溉制度，在农牧业开发建设过程中进行盐渍化适时监测并进行盐渍化土壤修复，新灌区将可有效控制和避免盐渍化。

6.2.4 节水改造可实现水源供需平衡

根据《大柳树生态经济区及供水规划》研究，在南水北调西线工程生效之前，该区用水可通过对宁蒙甘老灌区实施节水挖潜和水权转换方式解决，不增加引黄水量。按照以水定产业结构，以水定发展规模的原则配置水资源，到 2020 年三省（区）节水潜力为 22.69 亿 m^3，其中，水权转换到工业的水量可达 10.37 亿 m^3。南水北调西线工程建成后，分配给大柳树生态经济区的水量约为 4.0～22.0 亿 m^3，可较大地缓解水资源压力，协调当地人口、资源、环境的可持续发展。大柳树工程建成后，无论南水北调西线工程何时生效，都能够实现黄河水资源和水能资源优化配置，最大限度地发挥水资源综合利用效益，并为干旱贫困地区农民增收减负和生态环境改善创造条件。

6.2.5 国家政策为区域发展提供有力支撑

随着西北干旱缺水形势不断加剧，各族人民对改善生态环境和生活水平的需求不断增强，大柳树生态农牧业开发建设也迎来了难得的历史机遇。

党的十八大报告强调要"优先推进西部大开发，西部大开发总的战略目标是：经过几代人的艰苦奋斗，到 21 世纪中叶全国基本实现现代化时，从根本上改变西部地区相对落后的面貌。建成一个经济繁荣、社会进步、生活安定、民族团结、山川秀美、人民富裕的新西部。"同时指出："要采取对口支援等多种形式，加大对革命老区、民族地区、边疆地区、贫困地区扶持力度""把生态文明建设放在突出地位""努力建设美丽中国，实现中华民族永续发展"。《中华人民共和国国民经济和社会发展第十二个五年规划纲要》提出："根据资源赋存条件、经济社会发展现状和国家区域经济发展战略，黄河流域未来经济社会发展的重点为发展高效节水农业，形成以黄淮海平原主产区、汾渭平原主产区、河套灌区主产区为主的全国重要的农业生产基地，保障国家粮食安全；加强草原保护和人工饲草料基地建设，形成以上游青藏高原和内蒙古高原为主的畜牧业基地。"一系列的相关政策，为本区域农牧业开发建设提供了良好、可行的政策环境。

2013 年 12 月召开的中央城镇化工作会议指出，中西部有条件的地区，要依靠市场力量和国家规划引导，逐步发展形成若干城市群，成为带动中西部地区发展的重要增长极。《中共中央国务院关于深入实施西部大开发战略的若干意见》（中发〔2010〕11 号）、《全国主体功能区规划》（国发〔2010〕46 号）、《中华人民共和国国民经济和社会发展第十二个五年规划纲要》和《中国的粮食问题》白皮书等文件均指出：宁夏沿黄经济区是国家重点开发建设的 18 个主体功能区之一，其中宁夏平原和内蒙古河套平原等区域所处的大柳树生态经济区，是我国重要的能源基地及重要的清真食品、穆斯林用品和特色农畜产品加工基地。

在大柳树生态经济区进行有特色的农牧业开发、建设西北生态屏障，符合"在发展中保护、在保护中发展"的思路。充分利用光热资源向沙漠要土地，通过引黄灌溉、绿洲农业及生态屏障建设，不仅可以切实解决当地的贫困问题，提高当地居民的收入水平，改变粗放的农业发展方式，提高水资源利用效率，也可为我国西北地区建立一个防风治沙的良好典范。

第7章　生态农牧业发展思路

7.1　基　本　理　念

第七次全国环境保护大会提出了"坚持在发展中保护，在保护中发展"的新时期环境保护工作的基本方针。简言之，就是坚持经济发展与环境保护相协调的发展理念。环境保护与经济发展的关系密不可分，前者必须放在经济社会发展大局中统筹考虑，在发展中保护、在保护中发展，实现经济与环境相协调、人与自然相和谐。实践证明，脱离经济发展谈环境保护，是缘木求鱼；脱离环境保护谈经济发展，则是竭泽而渔。西北干旱半干旱地区的经济发展当以农牧业发展为主，有限的气候和地理条件决定了大柳树生态经济区必须走"在发展中保护，在保护中发展"之路。

新时期大柳树生态经济区的农牧业发展与环境保护的辩证关系表现为：一方面必须牢牢坚持发展是第一要务，用发展解决前进中存在的问题；另一方面，保护环境已成为农牧业稳步发展的重要前提，发展必须转型，要把农牧业发展与资源节约、环境保护紧密结合起来，推动发展进入转型的轨道，把环境容量和资源承载力作为发展的基本前提。

第七次全国环境保护大会明确提出要"积极探索代价小、效益好、排放低、可持续的环境保护新道路"。"代价小"就是要坚持环境保护与农牧业发展相协调，以尽可能小的资源环境代价支撑适当规模的农牧业活动。"效益好"就是要坚持环境保护与农牧业和社会发展的统筹，达到最佳的环境效益、经济效益和社会效益。"排放低"就是坚持污染预防与环境治理相结合，将污染物排放量控制在最低水平，把农牧业活动对环境的损害降低到最低程度。"可持续"就是要坚持环境保护与农牧业长远发展相融合，通过建设资源节约型、环境友好型社会，推动农牧业的可持续发展。

环境质量是一种公共产品，是必须确保的公共服务。这从理论上明确了部分具有公共服务属性的环境产品供给应该是农牧业健康发展的先决条件，保护环境的根本目的就是要改善环境质量，保障人民身心健康，同时为农牧业发展提供可持续的条件。所以，生态农牧业是走"坚持在发展中保护，在保护中发展"之路的必然选择，我们将其概括为一个基本理念，这就是"生态文明新灌区，多元发展新绿洲"。

"生态文明新灌区"的主要内涵如下：

1）新开发灌区摈弃大水漫灌，全面采用滴灌和喷灌等高效节水灌溉方式。

2）扩大人工草场、天然草场、经济林面积，增加并优化植被盖度；通过推行免耕等成熟的保护性耕作技术，保护地表结皮层，新灌区开发必须将增加地表抗风蚀能力、提供生态产品作为首要目标。

3）大力发展沙产业，既有效利用沙漠资源，促进经济发展，又改善区域生态环境，实现"治沙"与"脱贫"双赢。

"多元发展新绿洲"主要指按照科学发展观的要求，树立生态文明观，探索建立新的绿洲发展方向和模式，走可持续发展之路。根据当地的自然条件，将山水林田湖草视为同一个生命共同体，合理开发利用农林牧副渔资源，以期实现高效、持续、协调发展的现代化农业生产体系，建设"四化并举"（农业现代化、新型城镇化、新型工业化、绿色化）的复合型新绿洲。

7.2　功　能　定　位

1）高效利用水资源，建设节水型农牧业，保证区域粮食、副食品供给。

2）依托农牧业治理沙漠化和水土流失，构筑生态环境保护屏障。

3）提高经济效益，切实改善人民生活，保证本区域经济社会持续发展。

4）吸纳环境极度脆弱区和生态破坏严重区人口，置换生态保护空间，缓解整个区域的生态环境压力。

7.3　发　展　原　则

1）坚持人口、资源、环境相均衡，经济、社会、生态效益相统一的原则。控制开发强度，优化国土空间开发格局，促进生产空间集约高效、生活空间宜居适度、生态空间山清水秀。

2）坚持合理开发的理念。根据自然条件适宜性进行开发，杜绝盲目扩大耕地和灌溉面积。

3）坚持生态保护优先。在农牧业开发中，坚持生态先行，走由被动治理修复到主动"发展中保护"的道路。借助大柳树生态经济区农牧业开发的契机，实施重大生态修复工程，推进沙漠化、盐碱化、水土流失综合治理。

4）坚持以提升农牧民收入为根本。大柳树生态经济区农牧业开发的重要目的是探索农牧民增收的发展模式，使区域内大量的农牧业人口脱贫致富。只有农牧民的生活状况真正改善了，才能进一步促进大柳树生态经济区农牧业可持续发展。

　　5）水资源利用应体现"开源节流"的方针。农牧业用水需要实行用水总量管理，一方面要开源，加快水利建设，加强雨水利用；另一方面要节流，推进水循环利用，发展节水型农牧业。

　　6）坚持大农业的发展思路。大柳树生态经济区的农牧业开发应摒弃过去粗放型发展思路，走高效、节水、集约的现代化大农业之路，增强农牧业综合生产能力，为国家粮食安全和重要农牧产品供给做出突出贡献。在农牧业开发的过程中，要注重规模发展，延长农牧业产业链，着力发展附加值高的农牧产品加工业。

　　7）坚持提供生态产品的理念。在生态文明时代，人类需求既包括对农牧产品、工业品的物质需求，也包括对清新空气、清洁水源等生态产品的需求。大柳树生态经济区农牧业开发过程中，应把增强生态产品生产能力作为农牧业开发的重要任务，一方面要积极提升农牧产品中的生态含量，打造生态品牌；另一方面要大力改善生态环境，提升大自然本身生态产品的产出能力。

7.4　发展重点

7.4.1　高效利用水资源

　　依据《西部地区重点生态区综合治理规划纲要（2012—2020年）》（发改西部〔2013〕336号），在西北草原荒漠化防治区，应以水资源的合理开发和配置为核心，加强流域综合规划和水资源的统一调度管理，改善灌溉基础设施，提高水资源利用效率，发展高效复合型绿洲生态农业。科学用水，减轻农业灌溉所造成的土壤盐渍化。国务院办公厅颁布的《国家农业节水纲要（2012—2020年）》（国办发〔2012〕55号）指出：大力发展农业节水，在农业用水量基本稳定的同时扩大灌溉面积、提高灌溉保证率，是促进水资源可持续利用、保障国家粮食安全、加快转变经济发展方式的重要举措。尤其在西北地区，应大力实施小流域、坡耕地综合治理和黄土高原淤地坝等工程建设，有效改善农业生产条件和生态环境。同时，灌区应重点发展渠道防渗，并在适宜地区大力推广膜下滴灌、喷灌技术，在水资源条件允许的地区，适度发展大中型机械化行走式喷灌，兼顾发展小型移动机组式喷灌和管道输水灌溉；在具有水力自流条件的地区优先发展自压喷灌、微灌和管道输水灌溉。

　　目前，大柳树生态经济区内的扬黄灌区主要农作物亩灌溉定额为500～800m³，而滴灌和喷灌等节水灌溉模式的亩灌溉定额为200～300m³。因此，应大力推进灌区节水工程建设，结合农业结构调整和耕作制度改革，改进地面灌溉技术，大力推广小畦灌、膜上灌、沟灌、间歇灌、滴灌、喷灌，同时利用水价等经济杠杆推动节水灌溉的发展，优化农业种植结构。引入节水技术企业，围绕高效节水农牧业拓宽相关的设备技术工业和服务业的发展，增强地区节水农业发展的自造血、自创新能力。技术研发服务于农业生产，农业生产促进技术提高，在整个地区形成从技术研发到农业生产的节水型大农业产业链。

7.4.2 强力发展特色农牧业

国家西部大开发战略的一大重点是提升农牧业的现代化水平，建立现代化农牧业基地。大力集聚提升特色农牧业，是增强农牧业综合生产能力、加快推进农牧业现代化和实现乡村振兴的战略重点。

依据《西部地区重点生态区综合治理规划纲要（2012—2020 年）》（发改西部〔2013〕336 号），在大柳树生态经济区所属的西部干旱半干旱区，应积极发展沙柳、沙棘、柠条、干果等林沙产业和沙漠旅游业，实现沙地增绿、农牧民增收、企业增效。目前，宁夏全区正逐步形成特色优势产业区域化布局、专业化生产、规模化发展、产业化经营的新格局，呈现出强劲的发展势头。其中，宁夏盐池县通过发展沙产业，其生态环境得到良好保护和恢复，林草覆盖度由原来的21%提高至46.2%，生态修复试点区内的林草覆盖度由原来的26%提高至70%。盐池县还通过打造沙产业中的甘草品牌，获得了"甘草之乡"之美誉。

大柳树生态经济区特色农牧业应因地制宜发展节水、高效经济作物，向产业化、高附加值的方向发展。在沙漠化严重地区推广沙产业，水土流失严重地区种植经济作物或者发展草产业。利用当地资源，围绕生态恢复重建和区域经济发展目标，合理确定产业开发定位和特色经济发展战略，因地制宜地走"主导产业带动型"特色产业化之路。通过种养业良种工程、园艺作物标准园创建和畜牧业渔业标准化规模养殖等项目建设，优化产业结构，转变发展方式，促进特色种养业发展，打造生态原产地和一批具有一定市场竞争力的知名品牌，推进特色种养殖产品规模化生产、标准化管理、产业化经营、品牌化营销。同时，依托经济区自然景观多样性和民族文化多样性，积极拓展农牧业多功能发展，如休闲农牧业和观光农牧业，努力拓宽农牧民增收渠道，增强发展的内生动力。

7.5 优选途径

生态农牧业发展的优选途径是"建设小绿洲，保护大生态"。其模式主要指大柳树生态灌区作为生态移民迁入地，将不适合现代人类居住、荒漠化严重的沙漠、戈壁、山地和丘陵地区及生态保护重点区的人口转移到人工灌区，使迁出地成为"无人区"，以实现生态系统的自然恢复。通过移民和小绿洲建设，为退耕还林（草）、退牧还草创造有利条件，减轻大范围草场和荒漠化土地的生态压力，恢复和改良区域生态环境。目前，宁夏红寺堡灌区和内蒙古孪井滩生态移民示范区等绿洲借助水资源优化配置，合理开发，改善了当地环境，极大地促进了社会经济发展。

红寺堡灌区累计开发整理水浇地超过 50 万亩，异地搬迁安置宁南山区 8 县移民 20 万人，其中，回族占总人口的 61%，按山区人均耕地面积计算，置换出了迁出区 135 万余亩耕地。在移民迁出区，将陡坡地退耕还林还草，恢复了林草植被，减少了水土流失。如按 1 亩灌区土地养畜量相当于 20 亩天然草场载畜量计算，可使 780 万亩天然草场得以休养生息，实现封沙育草，自然恢复。1992 年，宁夏南部山区平均森林覆盖率仅为 3.7%，彭阳县植被盖率也只有 8.9%，经过近年来的生态移民及退耕还林与小流域综合治理等一系列生态工程建设，阴湿山区的泾源县森林覆盖率已经达到 29%，其次是彭阳县和隆德县，分别达到 26.5%和 17%。将生态移民与生态农业发展相结合，既改善了贫困农民的生产、生活条件，又减轻了人口对山区生存环境的压力，实现了水土流失严重的黄土丘陵区人口、资源、环境良性循环，证明了生态恢复、生产发展、生活改善的"三生共赢"之路是可行的。

阿拉善盟自实施"转移发展战略"以来，通过搬迁转移农牧业人口，加强生态治理，全盟长期严重受损的生态状况得以改善，草原退化、沙化现象得到了初步遏制，天然植被得以逐年休修养恢复，植被覆盖率和牧草产量明显提高。根据 2004～2008 年各项目区的监测数据结果，全盟退牧还草区内外对照显示，植被覆盖度由退牧前的 13%增加至 2008 年的 24.6%，贺兰山荒山荒坡及丘陵植被覆盖度由过去的不足 12%提高至 31.4%，植被平均高度由 25.8cm 增长至退牧后 2008 年的 40.5cm，产干草量由 24.7kg/亩增加至 34.5kg/亩，另外，森林覆盖度达到 8.18%，较 2005 年提高 4.14 个百分点。

大柳树生态经济区是我国西北地区重要的生态屏障，在全国生态保护体系中具有关键性作用和意义。其开发建设必将是集生态恢复、绿洲农业、能源开发、扶贫解困和新型城镇化等多重发展战略于一体的区域性开发建设工程，其发展方向必须以保护和修复生态环境、提供生态产品为首要任务，因地制宜地发展不影响主体功能定位的适宜产业。其重点是通过生态农牧业的发展，促进旧灌区的升级改造，建设以精细化为重点的现代农牧业，提升农牧业发展质量、降低农牧业用水比例，推动形成以工促农、以城带乡、以川济山、山川共建，具有西部特色的扶贫开发和生态建设之路。

第8章 土地适宜性评价及生态功能区划

本章采用遥感（RS）和地理信息系统（GIS）技术，利用数字地形、地貌、气候、土壤、植被覆盖度和土地利用等基础数据及各相关专项规划，对大柳树生态经济区进行土地适宜性评价。根据相似性、相关性和区域共轭性原理，利用综合制图方法和技术，在土地适宜性评价的基础上进行生态功能区划，宜农则农、宜林则林、宜牧则牧，对不宜进行开发的区域，则进行生态恢复和保育。

8.1 土地适宜性评价原则

8.1.1 针对性原则

不同的土地用途对土地的性质有不同的要求，土地的适宜性只是针对某种具体用途或利用方式才有其确切的意义，故参评因素的选择及指标分级针对不同土地用途区别对待。本章所作土地适宜性评价的目的是在评价结果的基础上进行生态功能区划，划分原则是宜农则农、宜林则林、宜牧则牧。对不宜进行开发的区域，则进行生态恢复和保育。因此，在土地适宜性评价部分，重点是对大柳树生态经济区发展农业、林业、牧业进行适宜性评价。这三种土地利用方式对土地的性质有不同的要求，因此，综述并借鉴已有土地适宜性评价研究成果，筛选出每种土地利用方式主要限制因子。

8.1.2 因地制宜原则

土地适宜性评价要根据评价区域的具体情况进行分析，自然条件、技术、社会经济及地理位置的差异都影响着土地的适宜性。对土地适宜性进行评价时，要考虑到当地的自然条件和社会经济条件，选取关键评价因子，做到因地制宜。当今社会科学技术发展迅猛，对许多地区而言，社会经济条件已不再是限制其发展农林牧业的主要因素，在进行土地适宜性评价时主要关注自然条件的影响，如地形、气候、水文、土壤和植被等。研究区地跨陕西、甘肃、宁夏和内蒙古四省（区），虽在气候上有所差异，但其年平均气温差异不大，且均属于干旱半干旱地区。因此，在评价因子的选取中未考虑气候因子。

8.1.3 可持续利用原则

在对某种土地用途进行评价时，应同时考虑当前利益与长远利益，既要合理利用，充分挖掘其生产潜力，又要积极保护，避免可能导致土地退化及生态环境恶化的非理智行为，保证土地的可持续利用。在土地评价中对各影响因子等级及最终土地适宜等级的划分充分体现了这一原则。

8.1.4 综合性与主导性相结合原则

土地适宜性评价是一项综合性很强的工作，评价中涉及农林牧等行业对土地的不同要求，以及土壤、气候和社会经济技术等方面的知识。本次评价中，综合考虑土壤质地、土壤有机质、土壤盐碱化、土壤 pH、土壤排水条件、地形坡度、植被类型和植被盖度等因素。此外，影响土地性质的各个因素的作用强度是不等的，在特定的时间和空间，某些因素会起主导作用。因此，在强调综合分析的基础上，也注重依据主要限制因素和主导因素进行分析评价。

遵循上述评价原则，采用土地适宜类、土地适宜等级、土地限制型三个层次对进行大柳树生态经济区土地适宜性进行评价。

（1）土地适宜类

土地适宜类为本评价系统的最高层次，反映土地对某种特定用途适宜或不适宜。根据研究目标，土地适宜类设有宜农（耕）地类（A），宜林地类（B），宜牧地类（C）。

（2）土地适宜等级

土地适宜等级是在土地适宜类范围内的细分，反映土地对评价用途的适宜性等级，具体划分为 3～5 个等级，分别用罗马数字 I、II、III、IV、V 表示。对某土地适宜类的范围内，一等地（I）为土地在利用上高度适宜，基本上没有限制，能持续利用；二等地（II）为土地在利用上中度适宜，有一定限制，利用不当会引起退化；三等地（III）为土地在利用上受到较大限制，勉强适宜，较易发生退化；四等地（IV）为土地在利用上受很强的限制，勉强适宜，很易产生土地退化；五等地（V）为在利用上受到较四等地更强的限制。与之相应，将选取的评价因子也划分为五个等级（林地适宜性评价划分为四个等级）。

（3）土地限制型

土地限制型反映某土地适宜类在利用上的主要限制因素及其强度。本评价用到的主要土地限制型分为土壤质地限制、土壤有机质限制、土壤盐碱化限制、土壤 pH 限制、土壤排水条件限制、地形坡度限制、植被类型限制、植被盖度限制。

8.2　土地适宜性评价

8.2.1　数据来源

　　土壤数据由寒区旱区科学数据中心提供，其数据来源于联合国粮农组织（Food and Agriculture Organization of the United Nations，FAO）和维也纳国际应用系统分析研究所（International Institute for Applied Systems Analysis，IIASA）所构建的世界土壤数据库（harmonized world soil database version，HWSD），其中，中国境内数据源为第二次全国土地调查中国科学院南京土壤研究所提供的 1∶100 万土壤数据。地形高程数据为 STRM 90m 分辨率的数字高程模型（digital elevation model，DEM）数据。土地利用数据和植被覆盖数据均来源于 MODIS 500m 分辨率的土地利用产品和植被指数产品，其中，植被覆盖度由 NDVI 计算获得。

8.2.2　农业用地适宜性评价

　　农业用地适宜性主要根据土壤质地、有机质、坡度、碱化度、土壤 pH 及排水条件进行评价。依据土壤质地分类体系及农业用地对土壤质地的要求，根据土壤数据中黏、壤、沙三种成分的含量，将土壤质地分为中壤、轻壤、沙壤、黏土和沙质土 5 类（图 8-1 和表 8-1）。土壤有机质和坡度等级参考相关农业用地土地适宜性评价研究进行划分，其中，坡度由 GIS 软件中的空间分析功能对 DEM 数据分析得到，结果如图 8-2～图 8-3 和表 8-2～表 8-3 所示。生态经济区内土壤碱化度的值介于 0～47%，按照常用的划分标准将其划分为 5 个等级（图 8-4 和表 8-4）。土壤 pH 分布结果如图 8-5 和表 8-5 所示。土壤数据中排水状况包含 7 个等级，分别为 1：非常差；2：差；3：较差；4：较好；5：好；6：轻度过排；7：过排。研究区域只涉及前 6 个等级，因此，在该评价因子的分级量化中也只采用前 6 个等级（图 8-6 和表 8-6）。

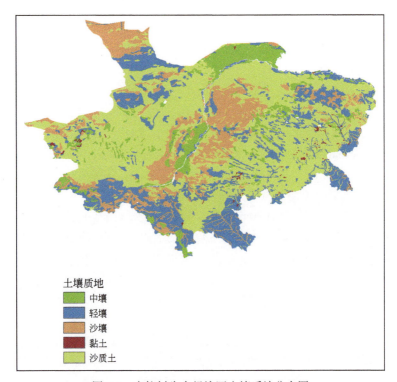

土壤质地
中壤
轻壤
沙壤
黏土
沙质土

图 8-1 大柳树生态经济区土壤质地分布图

表 8-1 大柳树生态经济区土壤质地分布面积统计

项目	中壤	轻壤	沙壤	黏土	沙质土
面积（km²）	28 954.09	68 893.58	56 095.36	1 225.8	168 106.7
面积百分比（%）	8.96	21.31	17.35	0.38	52.00

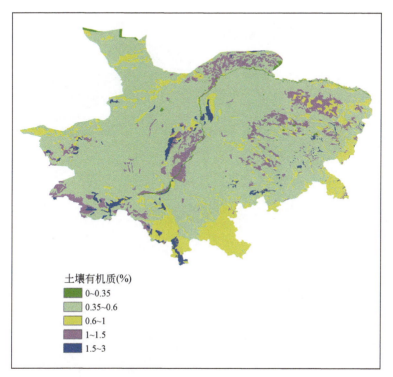

图 8-2 大柳树生态经济区土壤有机质含量分布图

表 8-2 大柳树生态经济区土壤有机质含量分布面积统计

有机质含量分级（%）	0～0.35	0.35～0.6	0.6～1	1～1.5	1.5～3
面积（km²）	2 326.48	240 080.6	46 108.78	28 157.32	6 602.51
面积百分比（%）	0.72	74.27	14.26	8.71	2.04

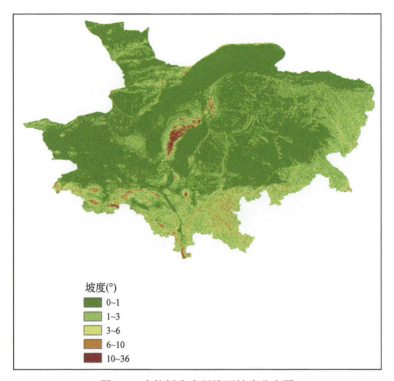

图 8-3　大柳树生态经济区坡度分布图

表 8-3　大柳树生态经济区坡度分布面积统计

坡度分级（°）	0~1	1~3	3~6	6~10	10~36
面积（km²）	199 822.9	89 359.24	26 968.28	5 326.45	1 798.64
面积百分比（%）	61.81	27.64	8.34	1.65	0.56

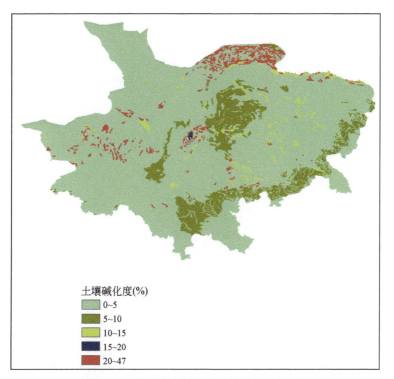

图 8-4　大柳树生态经济区土壤碱化度分布图

表 8-4　大柳树生态经济区土壤碱化度分布面积统计

碱化度分级（%）	0～5	5～10	10～15	15～20	20～47
面积（km²）	267 755.1	37 207.14	7 476.73	150.3	10 686.21
面积百分比（%）	82.83	11.51	2.31	0.04	3.31

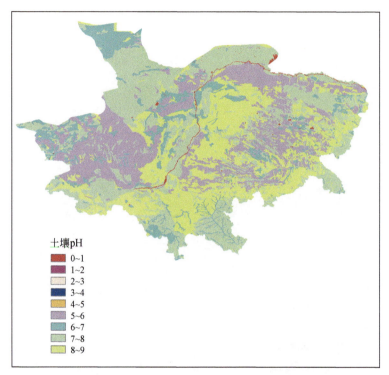

图 8-5 大柳树生态经济区土壤 pH 分布图

表 8-5 大柳树生态经济区土壤 pH 分布面积统计

土壤 pH 分级	0~1	1~2	2~3	3~4	4~5	5~6	6~7	7~8	8~9
面积（km²）	127.61	0	0	0	0	81 057.98	36 067.83	113 103.2	92 918.95
面积百分比（%）	0.04	0	0	0	0	25.07	11.16	34.99	28.74

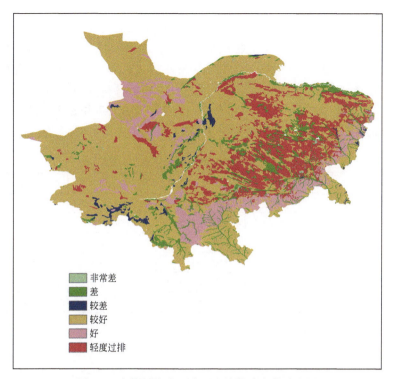

图 8-6 大柳树生态经济区土壤排水条件分布图

表 8-6 大柳树生态经济区土壤排水条件分布面积统计

土壤排水条件	非常差	差	较差	较好	好	轻度过排
面积（km²）	652.96	25 762.33	4 487.03	20 8631.1	33 378.73	50 363.38
面积百分比（%）	0.20	7.97	1.39	64.54	10.33	15.58

　　大柳树生态经济区农业用地评价因子及其量化分级标准见表 8-7。根据评价单元的各参评因子的指数及权重，求出评价单元的加权指数和，计算公式如下：

$$A = \sum_{i=1}^{n} P_i A_i \qquad i = 1, 2, \cdots n \qquad (8\text{-}1)$$

式中，A 为评价单元参评因子的指数和，即总分值；P_i 为第 i 个评价因子的权重；A_i 为第 i 个评价因子的评价指数，即得分；n 为评价因子数。根据农业用地评价因子的划分等级，为 5 个适宜等级分别赋值为 1（等级 Ⅰ）、0.8（等级 Ⅱ）、0.6（等级 Ⅲ）、0.4（等级 Ⅳ）、0.2（等级 Ⅴ）。由该模型计算得到整个区域评价总得分介于 8～100 分，其中，得分介于 80～100 分的土地为一等地；得分介于 60～80 分的土地为二等地；得分介于 40～60 分的土地为三等地；得分介于 20～40 分的土地为四等地；得分小于 20 分的土地为五等地。由于农业用地受人类活动干扰显著，开发不当极易引起土地退化，在划分宜农和非宜农地类时，以可持续利用为主导，将综合得分介于 80～100 分的区域划分为宜农地类，即这些区域为土地在农业利用上高度适宜，基本上没有限制，能持续利用。将综合得分小于 80 分的区域均划分为非宜农地类。农业用地适宜性评价最终成果如图 8-7 和图 8-8 所示，宜农区占区域总面积的 23.61%，非宜农区占区域总面积的 76.39%。

表 8-7 农业用地评价因子及其量化分级标准

适宜等级	I	II	III	IV	V	权重
土壤质地	中壤	轻壤	沙壤	黏土	沙质土	15
有机质	≥1.5%	1%～1.5%	0.6%～1%	0.35%～0.6%	≤0.35%	15
坡度	<2°	2°～6°	6°～15°	15°～25°	>25°	10
碱化度	<5%	5%～10%	10%～15%	15%～20%	>20%	25
土壤 pH	6.5～7.5	7.5～8	6～6.5 或 8～8.5	5.5～6 或 8.5～9	<5.5 或>9	10
排水条件	5	4	3 或 6	2	1	25

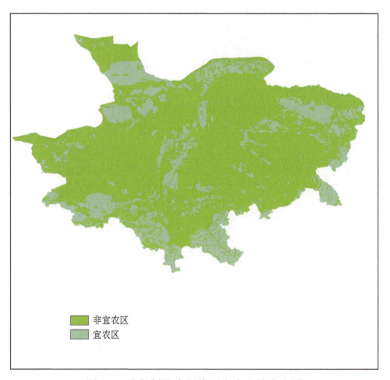

图 8-7 大柳树生态经济区宜农土地分布图

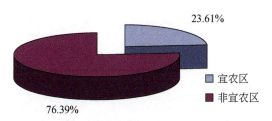

图 8-8 大柳树生态经济区宜农土地分布面积统计

8.2.3 林业用地适宜性评价

大柳树生态经济区具有高山与盆地、山地与平原、沙漠与绿洲共存的复杂地貌特征，水热条件地区分布差异极大，使土壤植被的形成与分布具有显著差异。图 8-9 及表 8-8 显示，区域内荒漠草原（31.77%）、灌丛草原和干草原（56.12%）占主导，其次是灌木林（6.01%）和耕地（5.61%），乔木仅占 0.16%。

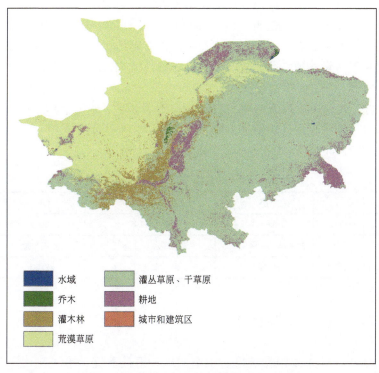

图 8-9 大柳树生态经济区植被类型分布图

表 8-8　大柳树生态经济区植被类型分布面积统计

植被类型	水域	乔木	灌木林	荒漠草原	灌丛草原、干草原	耕地	城市和建筑区
面积（km²）	123.36	512.58	19 430.58	102 719	181 419.6	18 129.63	940.8
面积百分比（%）	0.04	0.16	6.01	31.77	56.12	5.61	0.29

　　土壤质地是林地适宜性评价的重要因素，沙土含沙粒多，充气孔隙多，持水孔隙少，土壤孔隙度小，通透性良好，但不易蓄水保肥，不利于大多数植物的生长发育，仅适宜耐干旱、耐瘠薄的树种，如松、刺槐和杨等。黏土含黏粒多，持水孔隙多，充气孔隙少，土壤孔隙度大，通透性差，虽然蓄水力强，易积水，保肥力强，也不利于大多数植物生长发育，但南方的椿、栲类和北方的柳及板栗等树种能在黏土上生长。壤土沙黏适中，充气孔隙和持水孔隙比例适当，通透性良好，蓄水保肥力强，养分含量丰富，供肥和保肥性能良好，许多树种都能生长良好。

　　林业用地适宜性主要根据有机质、植被类型及土壤质地进行评价。林地评价因子及其量化分级标准见表 8-9，采用式（8-1）计算每个土地评价单元的总得分，所得结果介于 1～72 分。大柳树生态经济区内有腾格里沙漠、乌兰布和沙漠、库布齐沙漠和毛乌素沙地，西北部又与巴丹吉林沙漠相邻，土地荒漠化严重威胁着该区域的发展，而防护林建设被认为是对土地荒漠化最直接、最有效的防治手段。因此，以可持续利用原则为主导，以得分 30 分为阈值，确定宜林区和非宜林区的划分，所得林地适宜性评价结果如图 8-10 和图 8-11 所示，其中，宜林区占区域总面积的 70.75%，非宜林区占区域总面积的 29.25%。

表 8-9　林地评价因子及其量化分级标准

适宜度	II	III	IV	V	权重
有机质	>1	0.6～1	0.35～0.6	≤0.35	35
植被类型	乔木	灌木林、疏林、耕地	灌丛草原、干草原	荒漠草原	15
土壤质地	轻壤土	沙壤土	黏土	沙质土	50

8.2.4　牧草地适宜性评价

　　牧草地适宜性主要根据坡度、土壤质地、植被盖度、土壤盐化程度进行评价。由于土壤电导率与土壤含盐量呈正相关，采用土壤电导率代表土壤盐化程度。研究区的植被覆盖度如图 8-12、表 8-10 所示，土壤电导率分布如图 8-13、表 8-11 所示。

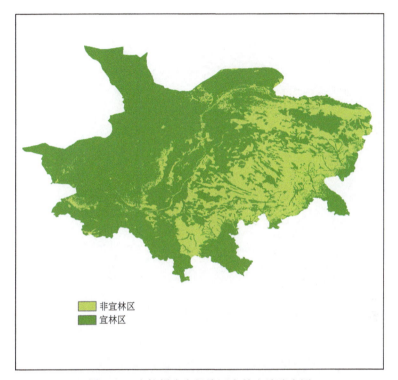

图 8-10 大柳树生态经济区宜林土地分布图

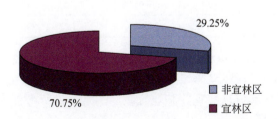

图 8-11 大柳树生态经济区宜林土地分布面积统计

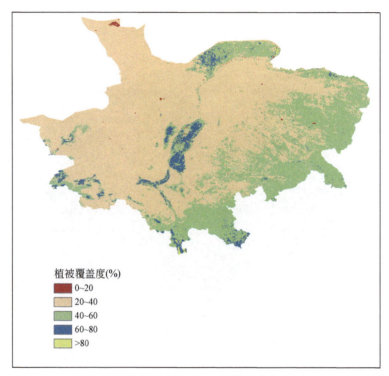

图 8-12　大柳树生态经济区植被覆盖度分布图

表 8-10　大柳树生态经济区植被覆盖分布面积统计

植被覆盖度（%）	0～20	20～40	40～60	60～80	>80
面积（km²）	510.45	220 063.8	93 033.09	9 081.83	586.31
面积百分比（%）	0.16	68.07	28.78	2.81	0.18

　　大柳树生态经济区牧草地评价因子及其量化分级标准见表 8-12，采用式（8-1）计算每个土地单元的总得分，所得结果介于 23～100 分。以可持续利用原则为主导，以得分 60 分为阈值进行宜牧和非宜牧区的划分，所得宜牧土地评价结果如图 8-14 和图 8-15 所示，其中，宜牧区占区域总面积的 58.74%，非宜牧区占区域总面积的 41.26%。

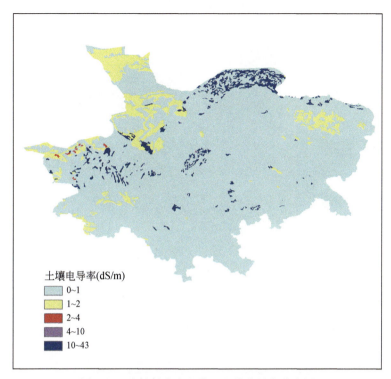

图 8-13 大柳树生态经济区土壤电导率分布图

表 8-11 大柳树生态经济区土壤电导率分布面积统计

土壤电导率（dS/m）	0～1	1～2	2～4	4～10	10～43
面积（km²）	282 530	15 868	75.15	11 290.25	13 511.44
面积百分比（%）	87.40	4.91	0.02	3.49	4.18

表 8-12 牧草地评价因子及其量化分级标准

适宜度	I	II	III	IV	V	权重
坡度	≤10°	10°～20°	20°～30°	30°～35°	>35°	15
土壤质地	中壤土	轻壤土	沙壤土	黏土	沙质土	20
植被盖度（%）	≥80	60～80	40～60	20～40	<20	40
土壤盐化程度（dS/m）	≤1	1～2	2～4	4～10	10～43	25

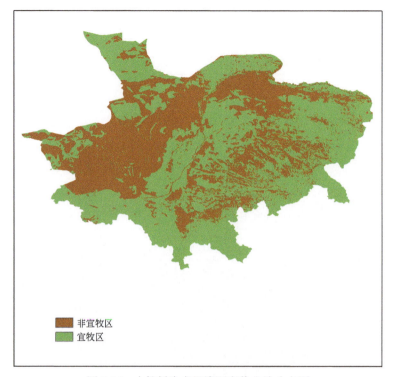

图 8-14　大柳树生态经济区宜牧土地分布图

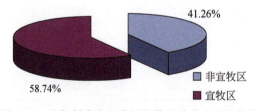

图 8-15　大柳树生态经济区宜牧土地分布面积统计

8.3　生态功能区划

以上述各主要土地类型适宜性评价结果为基础依据，将宜农、宜林、宜牧土地分布图进行空间叠加分析，以"宜农则农，宜林则林，宜牧则牧，对不宜进行开发的区域，则进行生态恢复和保育"为划分原则，结果如图 8-16 所示。区内生态恢复和保育区主要位于毛乌素沙地和库布齐沙漠。乌兰布和沙漠和腾格里沙漠位于宜林区，通过在该区域进行适当的植树造林，不但可以遏制大柳树生态经济区内的土地荒漠化，还可在沙漠边缘的宜农土地进行农业开发，从而兼收生态与经济双赢之效。宜牧区主要位于大柳树生态经济区的东部及东南部。宜林或宜牧区位于大柳树生态经济区中部部分地区及阿拉善左旗北部，从空间分布看，该区与宜牧区构成宜农区与生态恢复和保育区的过渡带。

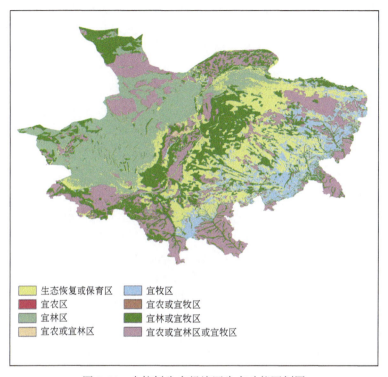

图 8-16　大柳树生态经济区生态功能区划图

　　整体上看，大柳树生态经济区内生态恢复或保育区面积约为 52 520.76km²，宜农区面积约为 291.38km²，宜林区面积约为 78 668.77km²，宜农或宜林区面积约为 2322.57km²，宜牧区面积约为 40 418.75km²，宜农或宜牧区面积约为 1555.47km²，宜林或宜牧区面积约为 75 291.27km²，宜农或宜林或宜牧区面积约为 72 206.57km²（表 8-13）。

表 8-13　大柳树生态经济区生态功能区划面积统计

生态功能区划	生态恢复或保育区	宜农区	宜林区	宜农或宜林区	宜牧区	宜农或宜牧区	宜林或宜牧区	宜农或宜林或宜牧区
面积（km²）	52 520.76	291.38	78 668.77	2 322.57	40 418.75	1 555.47	75 291.27	72 206.57
面积百分比（%）	16.25	0.09	24.33	0.72	12.50	0.48	23.29	22.34

8.4　各分区生态特征

生态恢复和保育区主要是灌丛草原及干草原景观，该区域植被覆盖度低（20%~40%），土壤有机质含量小（小于0.75%），土壤沙含量大（大于70%），生态环境脆弱，不适宜农牧业开发，需进行生态恢复及保育。宜林区景观特征为灌木林、荒漠草原、灌丛草原及干草原，植被覆盖度低（20%~40%），土壤有机质含量介于0.43%~0.65%，土壤沙含量介于66%~90%。此外，从空间上看，宜林区离水源近，因此，可适当将该区域的灌木林地进一步发展为林地，将原来的荒漠草原和灌丛草原等生态环境脆弱的景观改变为林地，从而降低该区域的生态脆弱性。宜牧区主要为灌丛草原和干草原景观，土壤沙含量为82%~90%，土壤有机质含量为0.43%~0.53%，植被覆盖度为40%~60%。

宜农或宜林区、宜农或宜牧区、宜林或宜牧区及宜农或宜林或宜牧区的景观更为复杂，包括灌木林、荒漠草原、灌丛草原或干草原及耕地，土壤有机质含量大于0.53%，该区内约24%的土地土壤有机质含量大于1%。土壤沙含量介于25%~51%，多为中壤和轻壤土，植被覆盖度介于20%~80%，其中，植被盖度为60%~80%的区域主要为耕地，如中卫绿洲、银川平原、内蒙古河套灌区。考虑到区域经济的发展和生态环境的平衡，该区域可根据局地经济发展需求确定具体的土地利用方式。

第9章　生态农牧业开发典型模式分析

生态农牧业模式是在农业生产实践中形成的优化了农牧业生态系统结构及功能，兼顾了经济效益、社会效益和生态效益的发展模式。2002年，农业部向全国征集到了370种生态农牧业模式或技术体系，通过专家反复研讨，遴选出经过一定实践检验、具有代表性的十大类型生态模式，即北方"四位一体"生态模式及配套技术、南方"猪—沼—果"生态模式及配套技术、平原农林牧复合生态模式及配套技术、草地生态恢复与持续利用生态模式及配套技术、生态种植模式及配套技术、生态畜牧业生产模式及配套技术、生态渔业模式及配套技术、丘陵山区小流域综合治理模式及配套技术、设施生态农业模式及配套技术、观光生态农业模式及配套技术。在对上述十大类型生态模式推广应用情况总结分析的基础上，结合当前生态农牧业发展实践新形势和大柳树生态经济区资源禀赋条件，提出了草畜型生态农牧业模式、以沙产业为核心的生态农牧业模式、生态种植业模式、丘陵山区小流域综合治理利用型生态农牧业模式、城郊型生态农牧业模式、集水型生态农牧业模式六个典型发展模式。

9.1　草畜型生态农牧业模式

9.1.1　基本特点

草畜型生态农牧业模式是遵循植被分布的自然规律，以草本植物为主或有一定树木和灌丛存在，有家畜和野生动物生存，以草原生态系统与畜牧业经济系统的良性协调发展为目标，以"种草+舍饲圈养"为主的生态农牧业模式（图9-1）。该模式主要包括饲料饲草的生产与加工、优良畜禽新品种的选育与繁育、畜禽的健康养殖与管理及畜禽产品加工等，将简单的植物光合作用生产发展到动物生产，从谷物和经济作物→人的简单关系发展到植物（谷物、饲草作物、经济作物、天然草地）→家畜→人三者的关系，不仅实现效益多样化，还能提高农业系统抵御自然灾害和市场风险的能力。

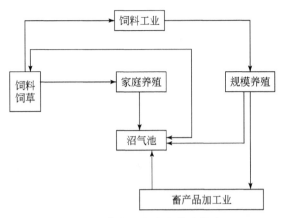

图 9-1　草畜型生态农牧业模式

大柳树生态经济区土地集中连片，光热资源丰富，具备草畜型生态农牧业发展的自然条件，同时，已有的牧区水利建设更为区内大规模发展草畜型生态农牧业模式提供了良好的基础。此外，随着"丝绸之路经济带"的建设，市场对清真食品、穆斯林用品和特色农畜产品的需求将有望逐步加大。因此，无论是从自身发展条件还是从市场需求来看，草畜型生态农牧业都将是大柳树生态经济区农牧业发展的重点。

草畜型生态农牧业模式可主要应用于区内的牧区及农牧交错带。

在牧区实施减牧还草。针对我国牧区草原退化、沙化严重、草畜矛盾尖锐、直接威胁牧区和东部广大农区生态和生产安全的现状，通过减牧还草，恢复草原植被，做好天然草场的改良工作，剔除有毒和劣质草群，补充优质牧草，使草原生态系统重新进入良性循环，实现牧区的草畜平衡和草地畜牧业的可持续发展。

在农牧交错带实施退耕还草、种草养畜。在国家退耕还林还草的政策框架下，坚持"宜草必草"的原则在农牧交错带有计划地退耕还草，同时发展以苜蓿为主导的人工草地，建立高产优质牧草基地，并配以饲料作物的种植。发展草食家畜，增加畜牧业的比例，实现农牧耦合，遏制土地沙化，增加农民收入。

实施"草畜一体化"发展战略，种草养畜，草畜同步，通过草产业的发展带动畜牧业的发展。发展牧草产品加工，大力推广以舍饲喂养为主的草食型畜牧业，以饲料带动规模养殖业的发展。创办畜产品加工企业，带动特色产业发展，实现生态畜牧业的产业化经营。同时，将畜禽粪便无害化与资源化利用，粪便进入沼气池，沼气供居民生活使用，沼渣作为肥料用于牧草生产。

专栏八：牧草之王——苜蓿

苜蓿以"牧草之王"著称，属多年生草本。紫花苜蓿生态适应性和再生能力强，适宜于温暖半干旱气候，可耐低温-20℃，积雪覆盖可耐-40℃，对土壤要求不严，从粗砂到轻黏土均能生长，荒山、荒坡、干旱区域均可种植。

种植紫花苜蓿可显著减少土壤风蚀和水土流失。紫花苜蓿生长迅速，茎叶繁茂，地面覆盖度高，覆盖期长，可减少水分蒸发。其根部密生许多茎芽，显露于地面或埋入表土中，枝条多达十余条至上百条，可降低风速，在其距地表10cm 处的风速比空旷地小 2.4m/s，75cm 处减小风速为 2.07m/s。紫花苜蓿还可以拦蓄地表径流，其茎叶的吸水率可达自身重量的 52.89%，与农作物相比，可减少地表径流量93.7%，减少土壤冲刷量88.65%。紫花苜蓿根系发达，主根入土深达数米至数十米，根量丰富，根系的78.26%集中分布于 0～30cm 的表土层，根系密度达 42.7 条/100cm^2。生长第二年的单株根系干物质重量即可达 3.39～9.48g，根系入土深，一般在贫瘠的土壤能达 2～3m，在质地良好的土壤中可达8～20m。如此发达的根系通过机械穿插和代谢作用可有效疏松土壤，改善土壤的通气功能，使土壤团粒水稳性、土壤分散性和团粒结构得到明显改善，有效控制土壤表层和浅层不稳定性，提高土壤的抗蚀性，减少地表径流量。研究表明，禾本科和豆科主要草本植物的根系和地上部分对提高土壤抗侵蚀能力作用显著，紫花苜蓿和玉米的作用最大。紫花苜蓿耕种 1 次可保持 5～6 年，由于耕作次数减少，可大大减少由翻耕土地和地表裸露而引起的风蚀和水土流失。

紫花苜蓿对提高土壤肥力、改良盐碱地也具有十分显著的作用。据估算，在我国半干旱地区，1hm^2 苜蓿地每年可固氮 270kg，相当于施入尿素 522kg 或硝酸铵 825kg。苜蓿根瘤强大的固氮作用，使根部有机质逐年积累，同时，土壤中 P、K 的含量也会显著增加。此外，紫花苜蓿的盐碱地改良效果试验表明，大部分紫花苜蓿具有一定的耐盐碱能力，其叶片具有排盐碱机理，种植紫花苜蓿后 0～60cm 土层的可溶性盐分含量及各种盐分离子含量均有所降低，脱盐效果明显。随着种植年限的增加，上述改良效果更为显著。

此外，紫花苜蓿还是主要的绿肥，不仅产草量高，而且草质优良，具有很高的营养价值。紫花苜蓿粗蛋白、维生素和无机盐含量丰富，氨基酸含量高，并且含有能促进家畜生长的未明因子，适口性佳，家畜均喜食。因此，大量种植紫花苜蓿不仅能改良土质，还能产生可观的经济效益。

随着农业结构的调整及对苜蓿开发利用的深入，紫花苜蓿的营养价值已引起了人们的广泛关注，其在草畜产业中的重要作用日益凸显。近年来，大柳树生态灌区紫花苜蓿种植发展迅速，灌区四个分区中均有种植。大面积种植紫花苜蓿对草畜业的健康持续发展起到了良好的促进作用。

9.1.2 典型案例

（1）泾源草畜产业

泾源县位于宁夏最南端，地处六盘山阴湿地区，天然饲草资源丰富，当地回族群众素来就有养牛传统。自然、人文的双重优势为当地草畜产业奠定了良好的基础。为了促进草畜产业的发展，助推农民增收致富，泾源县从管理和技术等各个层面都做出了新的探索和尝试。

当地创新发展思路，建立了草畜产业协会融资、招商引资融资等新机制，并在全区率先开展了肉牛养殖担保贷款工作。整合后的大量资金用于暖棚等基础设施建设、标准化饲养及动物防疫与人工饲草种植等环节，不断扩大基础母牛存栏比例。

政府力推先进技术，增加生产过程的科技含量：在良种培育方面，发展黄牛冷配改良等先进技术，通过合理建设冷配点，扩大冷配改良覆盖面，实现了肉牛品种的良种化发展；在饲草加工方面，通过地膜玉米全株青贮等模式，加大了饲草调制技术的推广力度，基本解决了冬春季节饲草短缺问题。

此外，政府通过大力招商引资，加大对养殖大户、百头肉牛养殖公司、产业带头人、中介组织和加工企业等的扶持力度，培育龙头企业，推动草畜产业走出了"种→养→加""产→供→销"一体化循环发展的路子。

2013年泾源县肉牛饲养量达23.3万头，农民人均牧业收入达1374元，占农民人均纯收入的27.7%，目前全县肉牛饲养量已稳定在24万头。优质饲料是养牛的基本保障，在泾源县的产业结构调整中，饲草种植面积逐年增加，2015年全县牧草留床面积达40.3万亩，每年种植饲料玉米达6万亩，青贮饲草达5万t。

作为"宁夏优质肉牛养殖示范县"，泾源县已成为宁南山区肉牛养殖核心区和西北肉牛生产、加工、销售集散地，草畜产业成为当地名副其实的富民强县支柱产业，其成功经验已被总结为"泾源肉牛发展模式"并在全区广泛推广。

（2）肃南"草—畜—沼—牧户"模式

肃南裕固族自治县地处河西中部祁连山北麓一线，东西长为650km，南北宽为120～200km，总面积为23 887km²，东邻天祝藏族自治县，西接肃北蒙古族自治县，南与青海相邻，北与武威、永昌、山丹、民乐、张掖、临泽、高台、酒泉、嘉峪关和玉门等县（市）接壤。

肃南裕固族自治县耕地面积只占全县总土地面积的0.17%，草场面积占总土地面积的59.5%，但长期以来，农牧民追求短期经济利益，盲目扩大牲畜规模，导致草场严重超载，退化严重。因为畜产品的加工能力较弱，使得农牧业发展集中在基础产品和低附加值产品，导致后继收益流失，市场化程度非常低。同时，农牧民在牲畜养殖上仍采取粗放式经营，产业化经营意识淡薄。

肃南裕固族自治县是河西地区的重要生态县，随着农牧业的快速发展，草场逐年退化、资源过度消耗，引起了祁连山山脉和河西走廊的生态环境恶化，威胁着河西地区经济社会的可持续发展。因此，只有发展循环经济，推行清洁生产，将经济社会活动对自然资源的需求和生态环境影响降到最低，才能从根本上解决经济发展与环境保护之间的矛盾。实施退耕、退牧还草后，通过改善用水条件，建立牧草种植基地，扩大畜草种植面积，发展优质牧草和牧草产品加工。通过饲料带动规模养殖业的发展，畜产品加工成成品销售或供农户消费，牲畜粪便进入沼气池，沼气供农户点灯、做饭和牲畜保温，实现沼渣、沼液循环使用。围绕草畜生产、加工和废弃物处理等环节形成"草—畜—沼—牧户"的生态产业链，牧草生产促进养殖业的发展，养殖业反哺改善土地肥力，增加单位面积草产量，从而再一次推动养殖业的发展，形成良性循环。

9.2 以沙产业为核心的生态农牧业模式

9.2.1 基本特点

尽管三北防护林建设工程和退耕还林工程等防治荒漠化的国家级生态建设工程取得了一定的成效，但单纯依靠国家投入仍远不能满足地域辽阔的西北地区生态恢复的需要，必须变"输血"为"造血"，沙产业正是在这样的背景下应运而生。通过具有环境效益和经济效益互补的生态建设进行环境治理，使生态、经济和社会等全面协调起来，进入良性循环，实现生态恢复与保育。

以沙产业为核心的生态农牧业模式（图9-2）是在干旱半干旱的、自然生态基础条件恶劣的沙漠和沙漠化地区，利用广袤的土地、充足的太阳能和风能等自然资源，发挥当地日照长、温差大的独特优势，发展高效益的现代化农牧业，形成以产业链为基础的沙产业集群，改善沙漠和沙漠化地区的自然生态环境和当地人民贫困的生活状况。

沙产业发展需要多种多样的生物资源，且能够适宜当地的自然环境，并具有良好的经济效益，能够形成产业链的动植物对沙产业发展更有优势。发展沙产业的地区的光热资源、气候条件要能满足动植物的生长。借助国家对沙产业的优惠和扶助政策，各级政府对沙产业发展的重视程度高，才能有力地促进沙产业发展。

大柳树生态经济区有众多的野生植物资源，天然分布的种子植物和菌藻类低等植物有2000种以上，如甘草、罗布麻、沙柳、发菜、地软、梭梭、杏、沙枣、沙棘和黄参等都是经济效益高且具有沙漠特色的沙生生物。能源矿产也比较丰富，

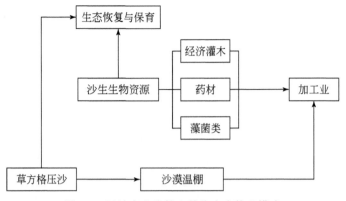

图 9-2　以沙产业为核心的生态农牧业模式

为发展沙产业提供了丰厚的资源基础。太阳能丰富，风能储量较大，年太阳能总辐射、植物光合及光温生产潜力大。

沙区的自然条件、资源分布不尽相同，沙产业规模应根据实际资源分布、产业发展规划和相关生态功能区划或者土地利用规划确定，并引入高新技术，如沙漠温棚和智能灌溉控制系统等，发展智慧型沙产业。沙产业应围绕生态建设重点区域，同重点生态项目紧密结合，互相促进。制定相应的经济优惠和产业扶持政策，在技术和市场等方面提供优质服务，支持沙产业开发新产品。

大力发展节水型现代农业和生态产业，以水资源的持续、合理利用为目标，选择生态农业、生态草业、生态药业、生态林果业和生态畜牧业等多种类型的沙产业模式，延长产业链，进一步形成农林牧协调发展、结构合理的沙产业格局。当地可种植既适于沙漠环境又具有经济价值的沙生耐旱植物，尤其是以沙生经济灌木、药材及藻菌类为主的种植业，并以此为基础推进农作物精深加工业，以龙头企业为突破，拓展提升沙产业发展链条，提高资源的利用效率和效益，将潜在资源优势变为现实的经济优势。

大柳树生态经济区沙产业的发展质量和速度很大程度上受沙区水利工程建设的影响。因此，应加快大柳树水利工程的开工建设和沙区提水灌溉工程的完善速度，只有解决了制约沙区和荒漠区生态恢复的关键因子，即"水"的问题，才能保证和促进沙产业的真正腾飞。

9.2.2　典型案例

（1）宁夏盐池县甘草产业

宁夏盐池县地处毛乌素沙地南缘、鄂尔多斯台地向黄土高原过渡的地带，是我国乌拉尔甘草的主产区之一。至 20 世纪 90 年代末，由于人们对甘草的滥采、滥挖，不仅使野生甘草数量急剧下降，也造成土地沙化，给生态环境带来了严重破坏。

盐池县意识到拯救甘草的紧迫性和重要性，开始对野生甘草进行全面保护，禁止肆意采挖，并结合封山禁牧、草原围栏，对甘草采挖区及退化区进行封育、补播、补植，对野生甘草带集中分布区进行全方位监测，使野生甘草得到有效恢复。

盐池甘草分布面积大、储量多、品质好，色红皮细、骨重粉足、条干顺直，甘草酸和甘草黄酮含量高，是世界上所有甘草品种中药用价值最高者。

目前，盐池县已经成为全国最大的甘草种苗培育基地、野生甘草资源保护区及西北地区最具有影响力的甘草产品集散地和人工甘草种植加工基地，2008 年成功注册"盐池甘草"原产地证明商标，甘草产业已成为盐池县重点优势主导产业。甘草种植区在盐池县的高沙窝镇、冯记沟乡、王乐井乡、花马池、惠安堡镇更是连片覆盖，给无垠的荒原带来了蓬勃生机。随着国内外市场需求量的逐年加大，甘草种植已成为当地农业增效、农民增收的重要途径。2011 年价格上涨，农民受益，甘草育苗 1 亩可收入 3000 元以上，甘草移栽 1 亩可收入 2000 元以上。盐池县育良养殖专业合作社与宁夏大学农学院、盐池县畜牧研究所和盐池县畜牧局等部门的专家共同采用传统的中医药理论，结合现代科学技术，将盐池当地天然的甘草、苦豆子、苜蓿和地椒花等中草药材中具有的清热解毒、消炎、补气固表及提高免疫力等功能和其他植物营养成分通过特殊方法进行提取，研制开发出牲畜、家禽食用的"绿色甘草有机复合饲料"。"甘草羊"是在盐池滩羊基础上，通过饮用当地天然盐湖沟泉咸水和食用"绿色甘草复合饲料"，经科学规范饲养的肌肉丰满、脂肪均匀、肉质细嫩、无膻腥味、品味独特的绿色品牌牧产品。甘草羊品牌已在国家工商行政管理总局商标局注册。

（2）库布齐沙漠沙产业集群化发展

库布齐沙漠地处鄂尔多斯高原北部，三面环黄河，荒漠化程度高。库布齐沙漠防沙治沙先后经历了以个人为主体、以政府为主体及目前的以企业为主体三个历史阶段。在以企业为主体的阶段，许多企业投身沙产业，吸纳了更多的社会资金投入防沙治沙，促进了农牧民增收，调动了全社会参与防沙治沙的积极性，也大大提高了生态治理速度。通过发展沙产业推动沙漠化地区的生态建设，同时取得了良好的经济效益。

通过建立重点优质沙生种植业、养殖业生产基地，发展现代农业型沙产业，如水域山沙棘饮品、高原杏仁露和新宇力螺旋藻等，构建了"五化"（林板一体化、林纸一体化、林饲一体化、林能一体化、林景一体化）、"三品"（食品、药品、保健品）沙产业体系，培育了如高原杏仁露、汉森红酒和良咽甘草片等知名品牌引领产业发展。在库布齐沙漠中，涌现出鄂尔多斯羊绒集团、伊泰集团、亿利资源集团、汉森集团、东达蒙古王集团和恩格贝生态示范园区等优秀企业。

在上述龙头企业的引领下，库布齐沙漠还积极实现由非集群化沙产业向集群化沙产业转变。通过将有限的生产要素投向有空间、有优势、有效益、有潜力的地区，形成集聚集群效应。例如，伊泰集团和亿利资源集团在沙地大规模种植甘草，形成以中蒙药、生物制药为主的现代医药产业集群；东达蒙古王集团发展以沙柳造纸和养殖为龙头的生态沙草产业，以新农村建设为主旨的新型农牧产业链；内蒙古汉森葡萄酒业集团在杭锦旗巴拉贡镇建设葡萄种植基地，形成了以沙柳造纸、甘草制药、葡萄制酒和沙棘制食品为主的林沙草产业集群。

库布齐沙漠目前已初步形成"六大支柱沙产业""七大沙产业基地"，形成了资源型沙产业集群、非资源沙产业集群及旅游沙产业集群，奠定了沙产业集群发展的基础，并形成了包括产业链集群模式、循环链条集群模式、共生集群模式在内的三种沙产业集群发展模式。通过集中发展、集优发展，促进农牧业产业化，实现库布齐沙漠由传统农牧业向现代农牧业的转变。库布齐沙漠集群化沙产业发展模式也成为全国沙产业发展的典型。

9.3 生态种植业模式

9.3.1 基本特点

生态种植业模式指依据生态学和生态经济学原理，利用当地现有资源，综合运用现代农业科学技术，在保护和改善生态环境的前提下，进行粮食和蔬菜等农作物高效生产的技术模式（图 9-3）。

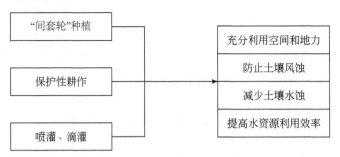

图 9-3 生态种植业模式

作为我国重要的后备耕地资源，大柳树生态经济区的农业开发功能不可忽视。然而，当地生态环境脆弱，水资源短缺，粗放农业开发模式不但不能保障农民收入，而且是生态环境的巨大威胁。因此，当地农业开发必须走高效、集约化道路，种植业必须走绿色化道路。

针对撂荒耕作、休闲耕作和连年耕作等传统不合理耕作方式导致的部分地区土地沙化的现状,以及灌排体系不配套产生的盐渍化问题,需更新改造耕作及灌溉制度。按照物质能量循环的规律,以生态平衡为基础,大力推广"间套轮"种植和保护性耕作等生态种植模式,减轻传统耕作方式造成的土壤沙化和水分损失。将宏观节水管理模式与微观节水灌溉技术相结合,不断推广滴灌与喷灌等技术,提高水资源利用效率。

9.3.2 典型案例

(1)宁夏南部山区"一膜两季"保护性耕作

宁夏南部山区属于严重干旱缺水地区,水资源供需矛盾日益突出,干旱灾害和严重的水土流失使宁夏南部山区原本脆弱的生态环境极度恶化,导致农牧业生产极不稳定,成为当地人民脱贫致富的主要障碍。近年来,由于封育禁牧、退耕还林还草政策的实施,南部山区得到了一定的休养生息与自我修复,扬黄灌溉也使局部地区生态环境有了较大改善,但总体恶劣的生态环境尚未得到根本改善。因此,在农业生产中实行保护性耕作,对保护宁夏南部山区生态环境、实现人民增收具有显著效益。

保护性耕作技术作为一种先进的耕作方式,是对传统农业耕作方式的一次重大变革,它以免耕播种和秸秆残茬覆盖地表为特征。其中,宁夏南部山区"一膜两季"保护性耕作法是把覆膜栽培、农田免耕与轮作方式有机结合、组装、配套的一种抗旱、保墒的新技术。"一膜两季"栽培模式的操作程序为一次性施足基肥→覆膜栽培瓜、菜和玉米等稀植作物→作物收获→留膜覆土越冬→来年播种玉米、向日葵等稀植作物,实现"一膜两季"栽培。

2002~2004 年在固原市原州区头营镇路梁村进行"一膜两季"保护性耕作试验和示范,面积为 15hm^2。当年西瓜平均单产为 3800kg/亩,在第一茬地膜西瓜收获后,第二年种植玉米,比传统的春覆秋揭模式增产 10.5%,比露地增产 88.2%。当地冬春土壤休闲期干旱多风,农田表土裸露(肥土层)剥蚀量高达 380kg/亩,采用"一膜两季"抗旱节水保护性耕作后,土壤剥蚀量下降至 124kg/亩,减少土壤风蚀 68%,0~25mm 耕层可累计增加地积温 340℃,水分生产率达到 1.24kg/mm。

由此可见,实行"一膜两季"保护性耕作,一方面可以增强农作物抗御干旱和适应水分有效供应的能力,另一方面可以提高区域资源的利用效率,特别是水资源的利用效率,实现节水、增效、增收的目的,不失为干旱半干旱雨养农业区农业增产、农民增收的有效技术途径。

（2）宁夏中卫"枣瓜间作"模式

宁夏中卫环香山地区位于蒙古高原和黄土高原的过渡地带，是我国最干旱的地区之一，也是我国最适宜种植高品质压砂瓜的区域。当地人民早在 20 世纪初就将大量碎沙石覆盖在山地表层，利用砂砾铺压产生的节水、增温、保墒效果生产西瓜和甜瓜。然而，单纯的西瓜种植会导致土地生产力下降，实践经验证明，"压砂"地连续耕作十年后就会丧失种瓜潜力。

为了充分利用弃耕"压砂"地资源，当地于 21 世纪初开始探索"枣瓜间作"模式。中卫市从 2001 年开始在压砂地上进行枣树栽植密度及提高枣树造林成活率试验，累积栽植枣树 280hm²，平均造林成活率达 80%以上，经济效益显著。

2009 年宁夏正式启动了"中德财政合作中国北方荒漠化综合治理宁夏项目"，"压砂"地红枣种植是重点项目之一，至 2010 年底，项目验收合格面积为 2380hm²。2010 年，政府出资为"压砂"地枣树配置了滴灌设施，实现了每亩地节水 130m³，年节水近 900 万 m³，枣树成活率达到 90%以上。"压砂"地枣树配套滴灌设施后，部分枣树当年挂果，2～3 年就有一定的产量，第 4～5 年每亩至少产枣 500kg。按市场价格计算，第 4 年以后，每年每亩均可获得 5000～10 000 元收益。"压砂"地红枣种植的成本主要包括"压砂"、种苗、滴灌设施、肥料和人工等，估计每亩投入约 6000 元。即便不使用滴灌设施，到第 5 年，不补水情况下每亩可产枣 250kg，补水每年可产 400～500kg。可见，该模式可同步实现农民增收和生态改善的双重目标。

该模式一次性投入长期利用，无论是经济还是生态方面均具有可持续性，因此，可在与中卫自然条件相似的地区广泛推广。

9.4 丘陵山区小流域综合治理型生态农牧业模式

9.4.1 基本特点

大柳树生态经济区内的丘陵山地主要分布在宁夏南部、鄂尔多斯高原东部、甘肃省庆阳市境内。这些地区沟壑纵横，丘陵起伏，地形复杂，主要由塬、沟、梁、峁、丘陵山地组成。这样的地貌特点一定程度影响了当地的交通条件，阻碍了地方经济发展，所以丘陵山地往往是经济欠发达地区。

丘陵山区小流域综合治理利用型生态农牧业模式（图 9-4）就是根据这些地区

地貌变化大、生态系统类型复杂、自然物产种类丰富的特点，利用其生态资源优势发展农林、农牧或林牧综合性特色生态农牧业，具体模式包括"围山转"生态农业模式、生态经济沟模式及"牧—沼—粮—草—果"五配套模式。

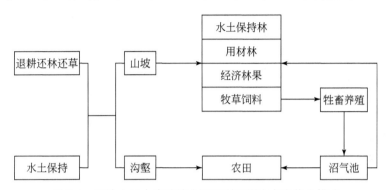

图 9-4　丘陵山区小流域综合治理利用型生态农牧业模式

"围山转"生态农业模式是把退耕还林还草、水土流失治理与坡地利用结合起来，依据山体高度因地制宜地布置等高环形种植带。等高环形种植带作物种类的选择因纬度和海拔而异，关键是作物必须适应当地条件，并且具有较好的水土保持能力。另外，要注意在环形条带间穿播种植不同收获期的作物，以便使坡地终年保存可阻挡水土流失的覆盖作物等高条带。

发展生态经济沟模式要针对小流域既有山坡也有沟壑、水土流失和植被破坏严重的现实，按生态农业原理，实行流域整体综合规划，从水土治理工程措施入手，突出植被恢复建设，依据沟、坡的不同特性，发展多元化复合型农业经济。在平缓的沟地建设基本农田，发展大田和园林种植业；在山坡地实施植被恢复措施，因地制宜地发展水土保持林、用材林、牧草饲料和经济林果种植（等高种植），综合发展林果、养殖、山区土特产和副产品加工（如编织）等多元经济。

发展"牧—沼—粮—草—果"五配套模式要以丰富的太阳能为基本能源，以沼气工程为纽带，以农带牧，以牧促沼，以沼促粮、草、果业，形成生态系统和产业链合理循环。

9.4.2　典型案例

（1）彭阳综合治理示范模式

彭阳县总土地面积为 253 349hm^2，水土流失面积为 233 300hm^2，年均土壤侵蚀模数为 6000t/km^2，年流失土壤总量为 1400×10^{4}t。严重的水土流失不仅造成土地资源退化，而且导致小气候的恶化，阻碍了农业和农村经济的发展。

面对恶化的生态环境，自 1983 年建县以来，彭阳坚持"生态立县"的方针，开展以小流域为单元的山、水、田、林、路、草生态综合治理，20 世纪 70 年代提出了白岔流域"三三制"农业经营模式（农、林、牧各占三分之一）；80 年代在麻拉湾流域治理中，提出"山顶林草戴帽子，山腰梯田系带子，沟头库坝穿靴子"的立体生态治理模式；90 年代在大沟湾流域推广应用"88542"造林整地技术和"宽大平"农田整地标准；2000 年在长城塬按照"大花园、大果园"思路，坚持梁峁坡沟台统一规划，集中连片综合治理，形成山、水、田、林、路、草生态综合治理模式；2010 年在南山流域形成了"上保（山顶塬面修建高标准基本农田，保障口粮）、中培（山腰缓坡地栽植优质经济林，嫁接改良新品种，集中连片培育特色林果产业）、下开发（川台地开发土地资源，新建设施温棚，实施生态移民，增加农民收入）"的生态经济治理模式，逐步形成了流域建设由生态型向生态经济型转变。

截至 2015 年底，全县林木保存面积由建县初的 27 万亩增加至 203.87 万亩，森林覆盖率由建县初的 3%提高至 26.5%，累计治理小流域 114 条，面积为 1511km²，水土流失治理程度由建县初的 11.1%提高至 71%。

（2）九华沟综合治理模式：生态与经济共赢

九华沟流域位于甘肃定西北部，属于典型的黄土高原丘陵沟壑区。多年来，随着人口不断增长，人类开发活动加强，特别是毁林开荒加剧，导致植被破坏严重，土壤侵蚀加剧，生态系统极度恶化，人民生活极端困难。在国家的资金支持下，该流域进行了一系列的生态环境治理。

九华沟流域综合治理坚持"以土为首，土水林综合治理"的水土保持方针和"以治水改土为中心，山、水、田、林、路综合治理"的农田基本建设原则，以建设具有旱涝保收、高产稳产生态经济功能的大农业复合生态经济系统为目标，以恢复生态系统的良性循环为重点，注重将工程措施和生物措施相结合。

其治理与建设重点包括两方面内容：其一，建设水土保持综合防御体系，以充分利用有限的降水资源为目标，建设包括梯田工程、径流集聚工程、小型拦蓄工程、集雨节灌工程、道网工程在内的径流调控综合利用工程，聚集、储存并高效利用自然降水；其二，建设高效农业综合开发体系，以优化土地利用结构、推动社会经济协调发展为目标，结合坡耕地退耕还林草，积极发展畜牧业，调整畜牧养殖结构，大力发展牛羊等草食性畜牧业；调整种植结构，大力发展马铃薯、中药材及林果等区域特色产业，扩大高附加值经济作物种植面积；推行农业产业化经营，发展农畜林果产品加工业，提高农业附加值；大力推广设施农业、地膜和节水灌溉等技术，以科技促进农业的新发展。

20 世纪 90 年代以来，在总结实践经验的基础上，九华沟流域坚持把生态环境建设与扶贫开发和社会经济发展结合起来，使综合治理与高效开发相互促进，水土保持与治穷致富融为一体。经过多年的综合治理开发，流域内生态效益、经济效益和社会效益均已初步显露，水土流失基本得到控制。全流域内综合治理面积由37.3km^{2}增加至71.6km^2，治理程度由44.9%提高至86.3%，土壤侵蚀模数由原来的17 000m³/km^{2}减少至1557.28m³/km^2。依据坡耕地的肥力指标计算，相当于增施有机肥3246t。由于治理开发项目的实施，农民人均收入增加了406.6元，占农民人均纯收入增长量的55.2%。同时每年为群众创造了更多的就业机会，为流域内剩余劳动力开辟了新的就业门路。

9.5 城郊型生态农牧业模式

9.5.1 基本特点

城郊型生态农牧业模式（图9-5）指城市及其周边地区依托城市资本、信息、人才、科技和市场等方面的优势，以农牧业产业资源为基础、市场为导向、效益为中心、产业化为抓手，城乡一体，农牧业产业与其他产业相融合，具有经济、生态、文化多种功能的现代农牧业产业系统。

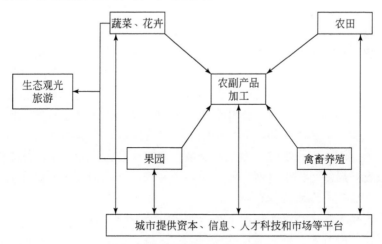

图9-5 城郊型生态农牧业模式

大柳树生态经济区内的市镇数量众多，且大多具有为数不少的城乡结合地带，如银川市近郊就有掌政、芦花、兴泾和镇北堡等十余个乡镇。这些近郊地区往往以农业为主，加之基础设施建设不足，人均收入低，发展缓慢，无法真正从市区的高速发展中受惠。而城市的高速发展也带来了新的市场需求，市民的消费倾向正在从物质层面转向精神文化层面。

城郊型生态农牧业模式恰好将郊区的农牧业与城市需求有机结合,互惠互利,农牧产品以多层次地适应和满足城市人民生活和市场需求为主,体现了城乡互动、协调发展的相互融合关系。近郊区应利用得天独厚的区位、资源优势,坚持以种植业为基础,大力发展养殖业。重点发展蔬果种植,加强奶牛基地建设,发展养禽专业户,促进乳品与禽蛋加工、储运,建立名菜、良种专业生产区,为城乡人民提供丰富的农副产品。与此同时,近郊地区还可依托其优越的自然生态资源,借助现代技术,发展融农牧业生产、田园景观、乡村文化、观光休闲及农事体验与环境教育等职能于一体的综合型现代化农牧业。

9.5.2 典型案例

（1）北京蟹岛绿色生态度假村

北京蟹岛绿色生态度假村是一家集生态农业与旅游观光为一体的大型生态园区,是北京市朝阳区推动农业产业化结构调整的重点示范单位,也是中国环境科学学会指定的北京绿色生态园基地。

北京蟹岛绿色生态度假村包含农业种植养殖区、可再生能源利用区、湖滨生态展示区、环保产业园区和休闲度假区五大园区。其中,农业种植养殖区占地2500亩,将农作物种植、果蔬栽培、牲畜饲养和农业观光有机地结合在一起,游客可以在农业技师的讲解和指导下,学习农业知识、农业技术并进行实际耕种。通过农作物采收、种植生态林、捡生态蛋、与动物亲和等实践活动,寓教于乐,使游人融入自然、体验自然,在实践中提高环保意识。可再生能源利用区由两口2400m深的温泉井、日处理能力达450m^{3}的沼气池和日处理能力达2000t的污水处理厂构成园区的核心设施,发挥了杠杆作用。以沼气供能、温泉热能、污水处理为轴心的"生物制造"和"生物分解"构成了园区内的物质循环和水系循环系统,因此,园区内无污水、无烟尘、无生活垃圾、无农药残留、无化肥,基本实现了零排放。通过开展沼气知识讲解、资源循环和生物链结构的现场参观等活动,展示和推广蟹岛理念,推动科普和环保教育。

北京蟹岛绿色生态度假村的生态农业旅游开发模式以"前店后园"为特色,重视有机食品的开发,同时通过农业观光、采摘、农机展示、农业科普、乡土人情展示及农村生活体验,将生态农业与旅游业有机结合,既延伸了农业产业化链条,又促进了个性化的特色生态旅游。

（2）乌鲁木齐方家庄生态农业观光园

方家庄村位于乌鲁木齐南郊水西沟镇,距离乌鲁木齐市30km。方家庄是进入水西沟旅游景区的门户村,依托良好的区位优势、便利的交通条件、丰富的生态农业旅游资源,在政府的扶持下,近年来方家庄农家乐旅游发展迅速。

在 2003 年实践城郊型生态农牧业模式以前，这里由于地处山区，地少且不平整、产业优势不突出，村民生活贫困，年人均收入仅 3000 余元。村落缺乏统一规划，住宅布局散乱，居住分散，供排水、道路和环境卫生等基本的公共服务设施严重不足。2003 年，当地政府引导和帮助方家庄村整体就地改造，统一规划、统一设计，实行整体新农村改造，并在当年开始发展农家乐旅游。

发展农家乐十余年来，该村人均收入由 2003 年的 4574 元增加至 2012 年的1.1 万元。2012 年 5 月，乌鲁木齐县水西沟镇方家庄村举办了旅游文化季系列活动开幕式。2012 年 9 月，在方家庄村举办了"农家乐回民特色美食"的餐饮大赛。2010 年，乌鲁木齐市劳动和社会保障局为方家庄村农民创业示范基地挂牌，方家庄村成为乌鲁木齐首批挂牌的农民创业示范基地之一。2011 年，方家庄村有 14家农家乐被新疆饮食旅游文化品牌研究评定委员会和《新疆饮食旅游文化》丛书编辑部共同评选为"新疆绿色餐饮旅游文化品牌"。

方家庄的农家乐带动了种植业、养殖业和零售业等行业的发展，种植户和养殖户的蔬菜、肉类、蛋类、奶类产品及超市里的商品可以直接销往农家乐，实现了劳动力的直接转移。村里的养殖户不必再到城里赶集，其产品直接被农家乐消化。城郊型生态农牧业模式为农村消费市场提供了新动力，为农村经济的发展提供了新模式，为农村剩余劳动力进城务工和农民增收提供了新渠道。

9.6　集水型生态农牧业模式

9.6.1　基本特点

一般情况下，降水除了少部分渗入土壤被植物吸收外，大部分以地表径流的形式汇入河流、湖泊、海洋并参与到大气环流中，而集水型生态农牧业（图 9-6）利用人工集水面或天然集水面形成径流，将径流储存在一定的储水设施（如水窖）中，以补充缺水之需。

大柳树生态经济区内大部分地区水资源较为匮乏，且年内降水分布不均，年际变化较大。尤其是在黄土丘陵地区，一方面，地表径流和天然降水等自然水源短缺，另一方面，受季风气候影响，这些地区夏秋常多暴雨，对农业生产十分不利。鉴于此，在这类地区发展集水型生态农牧业，可解决农作物需水与自然降水的供需错位问题，以及缓解干旱与降水资源浪费的矛盾，挖掘自然降水资源潜力，实现降水资源的时空调配。

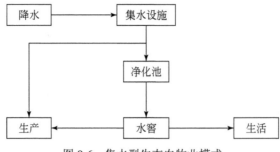

图 9-6 集水型生态农牧业模式

通过修建小型集水场、微型蓄水池，或利用荒山、荒坡汇集坡面雨水，把水利建设、基本农田建设和水土保持工作结合起来，利用生物措施、工程措施、耕作措施建立起良性的人工生态系统。将集水技术与节水灌溉技术有机结合，既节约用水，又高效用水，提高水的利用效率和效益，在水资源有限的条件下实现农牧业生产的效益最大化，提高应用于农牧业的单方水经济产出。

9.6.2 典型案例

（1）榆中全膜双垄沟播技术

榆中县是陇中黄土高原 18 个干旱县之一，地处黄土高原腹地，生态环境脆弱，农业生产条件恶劣，是一个农业大县，又是一个典型的干旱半干旱雨养农业区。干旱一直是其最大的自然灾害。当地的农民生产、生活主要是靠天吃饭，遇干旱年份还往往靠政府送水才能维持生计。

20 世纪 80 年代末，该地区推行"庭院雨水集流工程"（水泥防渗水窖+沉淀池+屋顶院落集流场）获得成功，于 1993 年结束了农户生活每每依靠政府送水的历史。1995 年开始推广的"121 庭院雨水集流工程"（即 1 眼 30m³ 圆柱式水窖+2 亩庭院经济+1 块 120m² 斜面水泥集流面），基本解决了人畜饮水问题。

2003 年人们在传统地膜覆盖技术、地膜全地面平铺栽培技术、垄沟种植技术的基础上，将集雨蓄水工程技术、节水灌溉技术、农艺节水技术有机结合起来，创造出了"覆膜—集雨—抑蒸—保墒—节灌—抗旱—增产"的旱作农业发展模式——全膜双垄沟播技术。该技术有效地增强了旱作农业的可控性和稳定性。实验表明，年降水量达到 250mm～500mm、海拔在 2400m 以下的地区，增产效果非常显著。以往种植小麦亩产不过 100kg 左右，纯收入不足 150 元，而推广玉米全膜双垄覆盖集雨沟播技术后，亩产达到了 500kg 以上，纯收入是种小麦的 3～5 倍，不仅有效实现了抗旱，解决了农民的口粮问题，也为农民增收开辟了新的渠道。

该技术为半干旱地区农作物生长创造了一个良好的人工小环境，将无效降水变为有效降水，将地面无效蒸发降到最低，大大提高了天然降水的利用率，从根本上解决了粮食产量低而不稳的难题，保障了旱作区粮食安全，改变了旱作农业靠天吃饭的局面，实现了真正意义上的"蓄住天上水，保住地里墒"的旱作农业发展思路。

（2）卫辉市集水农业模式的实践

河南省卫辉市太公泉镇属太行山系，处于山地向平原过渡的灰岩丘陵地带，属大陆性季风气候，多年平均降水量为 598.1mm，年际差异较大。最大年降水量为 1224.5mm，最小年降水量为 318.9mm。年内降水量分布极不均匀，主要集中在 6～8 月，其降水量占全年降水量的 60%左右，常出现春冬旱，夏秋涝，旱涝频繁，给小麦等粮食作物常带来"卡脖子"旱，对农业生产影响极大。

太公泉镇道士坟村水源奇缺，人畜饮水都十分困难，更无法保障生产。从 1991年开始，该村大搞集水工程建设，利用自然降水，截蓄径流，趁势引水入窖，在常年降水量为 600mm 的情况下，一个 200m³ 的水窖可保 0.13hm² 耕地夏秋两季高产。建窖方法简单，成本低廉，一次投资，多年使用。至今，道士坟村已建成全封闭式水窖 137 个，总容量达 16 800m³，彻底解决了人畜饮水，并建成旱涝保收田 19.14hm²，实现了人均 0.07hm² 水浇田，农业生产基础条件大大改观，生产面貌显著改善。1994 年全村粮食总产达到 14 万 kg，比 1993 年增长 27%，人均增收220 元。

道士坟村的集水型生态农牧业模式分为三步：第一步是通过工程蓄积天然降水，把天然降水变成可调控的水资源；第二步是运用农业设施，创造新的水热组合，进行微生境再造，把转化为成农产品；第三步是在组织生产的同时积极外销农产品。

经过 20 多年的推广应用，当地已经探索出了"山坡、道路、庭院集水和地膜覆盖集水区+水窖+低压管道滴灌+地膜覆盖冬小麦、玉米田免耕秸秆覆盖和玉米、麦田秸秆还田"的生态农业技术模式，并取得了明显的成效，深受群众欢迎，也为同类地区集水农业的发展起到了相当的示范作用。

9.7　各分区生态农牧业适宜发展模式

不同的功能分区应根据自身发展条件，科学确定农牧业发展方向和模式，形成优势突出、特色鲜明的产业带，并充分考虑农牧业开发对自然生态系统的影响，处理好多种农牧产品协调发展的关系，促进农牧业资源的永续利用。本部分在结合功能分区结果的基础上，初步总结出各分区生态农牧业适宜发展模式，结果见表 9-1。

表 9-1 各分区生态农牧业适宜发展模式

分区	适宜发展模式
生态恢复或保育区	以沙产业为核心型、生态种植业型、集水型
宜农区	生态种植业型、集水型、城郊型
宜牧区	草畜型、生态种植业型、集水型
宜林区	丘陵山区小流域综合治理利用型、集水型
宜农或宜牧区	草畜型、生态种植业型、城郊型、集水型
宜农或宜林区	生态种植业型、丘陵山区小流域综合治理利用型、集水型
宜牧或宜林区	草畜型、生态种植业型、丘陵山区小流域综合治理利用型、集水型
宜农或宜林或宜牧区	农林牧复合型、草畜型、丘陵山区小流域综合治理利用型、生态种植业型、集水型

第10章 生态农牧业开发模式的生态效益评估

本章结合大柳树生态经济区水资源规划和土地资源配置方案及生态功能区划等文件和相关文献，采用《千年生态系统评估报告》所确定的生态系统服务功能评估方法，从供给服务、调节服务、支持服务和文化服务四个方面论证不同农牧业发展模式的生态环境效益。

10.1 土地覆盖变化及其效应分析

10.1.1 土地覆盖变化

以 2012 年土地利用/覆被分类数据作为土地利用现状（图 10-1），大柳树生态经济区土地利用现状面积统计见表 10-1，草地占全区总面积的 55.78%（其中包含稀疏草原），荒漠面积占全区总面积的 32.20%，现有耕地面积 1.78 万 km²。

综合考虑地形、地貌和降水等生态环境基础条件，将大柳树生态经济区大致划分为三个子区：子区一起始于乌拉特前旗，沿黄河—贺兰山一带和沿内蒙古—宁夏省界向下，经民勤—景泰县界直至大柳树生态经济区边界；子区二沿银川境内黄河河段，拐入宁夏东干渠，接陕西干渠后沿毛乌素沙地北上至河曲，直至大柳树生态经济区边界；大柳树生态经济区内除子区一和子区二，剩余区域为子区 3（图 10-2）。其中，子区一面积为 116 566.44km²，占全区总面积的 36.06%，该子区内各生态功能区划面积统计见表 10-2；子区二面积为 115 792.25km²，占全区总面积的 35.82%，该区内各生态功能区划面积统计见表 10-3；子区三面积为 90 916.83km²，占全区总面积的 28.12%，区内各生态功能区划面积统计见表 10-4。各子区土地利用现状面积统计见图 10-3 和表 10-5～表 10-7。

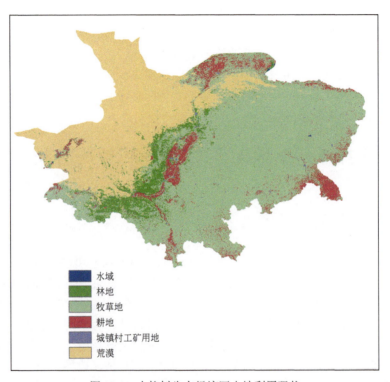

图 10-1　大柳树生态经济区土地利用现状

表 10-1　大柳树生态经济区土地利用现状面积统计

土地利用现状分类	水域	林地	牧草地	耕地	城镇村工矿用地	荒漠
面积（km²）	172.28	19 943.16	180 311.5	17 812.01	940.8	104 095.8
面积百分比（%）	0.05	6.17	55.78	5.51	0.29	32.20

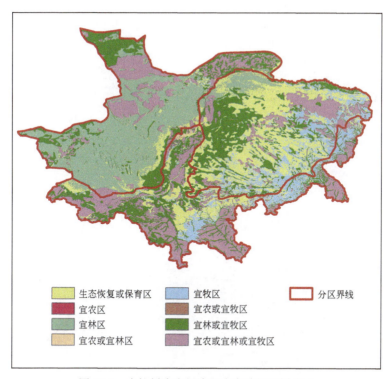

图 10-2 大柳树生态经济区生态功能区划分区

表 10-2 大柳树生态经济区子区一生态功能区划面积统计

生态功能区划	生态恢复或保育区	宜农区	宜林区	宜农或宜林区	宜牧区	宜农或宜牧区	宜林或宜牧区	宜农或宜林或宜牧区
面积（km²）	4 659.31	53.88	64 391.66	1 245.65	903.93	109.89	22 046.65	23 155.47
面积百分比（%）	4.00	0.05	55.24	1.07	0.78	0.09	18.91	19.86

表 10-3 大柳树生态经济区子区二生态功能区划面积统计

生态功能区划	生态恢复或保育区	宜农区	宜林区	宜农或宜林区	宜牧区	宜农或宜牧区	宜林或宜牧区	宜农或宜林或宜牧区
面积（km²）	36 509.52	121.23	10 435.24	392.06	24 250.82	888.33	29 463.83	13 731.21
面积百分比（%）	31.53	0.1	9.01	0.33	20.94	0.77	25.44	11.86

表 10-4　大柳树生态经济区子区三生态功能区划面积统计

生态功能区划	生态恢复或保育区	宜农区	宜林区	宜农或宜林区	宜牧区	宜农或宜牧区	宜林或宜牧区	宜农或宜林或宜牧区
面积（km²）	11 351.93	116.27	3 841.88	684.86	15 263.99	557.25	23 780.78	35 319.88
面积百分比（%）	12.5	0.13	4.23	0.75	16.79	0.61	26.16	38.85

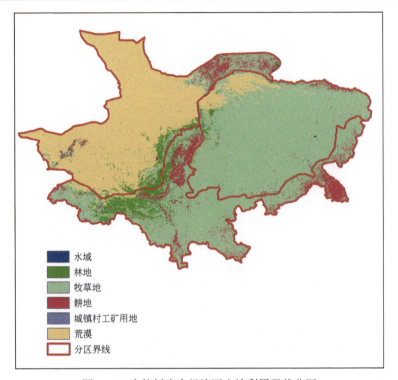

图 10-3　大柳树生态经济区土地利用现状分区

表 10-5　大柳树生态经济区子区一土地利用现状面积统计

土地利用现状分类	水域	林地	牧草地	耕地	城镇村工矿用地	荒漠
面积（km²）	97.13	6 300.56	12 045.3	4 880.51	155.26	93 087.68
面积百分比（%）	0.08	5.41	10.33	4.19	0.13	79.86

表 10-6　大柳树生态经济区子区二土地利用现状面积统计

土地利用现状分类	水域	林地	牧草地	耕地	城镇村工矿用地	荒漠
面积（km²）	49.63	1 963.12	103 700.2	1 413.67	280.75	8 384.92
面积百分比（%）	0.04	1.7	89.56	1.22	0.24	7.24

表 10-7 大柳树生态经济区子区三土地利用现状面积统计

土地利用现状分类	水域	林地	牧草地	耕地	城镇村工矿用地	荒漠
面积（km²）	25.52	11 679.47	64 566.06	11 517.83	504.78	2 623.17
面积百分比（%）	0.03	12.85	71.02	12.67	0.56	2.89

按照《土地利用现状调查技术规程》（国家土地管理局，1997），结合研究区实际情况和研究目标，把大柳树生态经济区的土地利用类型分为耕地、林地、牧草地、城镇村工矿用地、水域、沙地、其他用地。结合野外调查及研究区多期土地利用现状图，参照《内蒙古自治区"十二五"土地利用与保护规划》《陕西"十二五"土地利用专项规划》《甘肃省土地利用总体规划（2006—2020 年）》《甘肃省土地整治规划（2011—2015）》《甘肃省"十二五"规划》《宁夏回族自治区国民经济和社会发展第十二个五年规划纲要》等政策文件和相关文献，结合大柳树生态功能区划结果，得到大柳树生态经济区各开发阶段的土地利用变化情况，包括调查基准年（数据来源于宁夏、内蒙古和陕西三省（区）提供的第二次全国土地调查相关技术成果资料）、规划实施后（依据区域水资源配置条件和区域主体功能区划结果进行设定，数据主要来源于《大柳树生态灌区规划》，其中，灌区面积为2020 万亩）的土地利用数据，见表 10-8。

表 10-8 大柳树生态经济区土地利用情况　　　　　（单位：km²）

项目	分区	耕地	林地	牧草地	城镇村工矿用地	水域	荒漠
基准年（2012 年）	子区一	4 880.51	6 300.56	12 045.30	155.26	97.13	93 087.68
	子区二	1 413.67	1 963.12	103 700.20	280.75	49.63	8 384.92
	子区三	11 517.83	11 679.47	64 566.06	504.78	25.52	2 623.17
小计		17 800	19 900	180 300	94 100	172	104 100
规划实施后	子区一	4 984.73	75 157.24	31 414.62	253.41	97.13	4 659.31
	子区二	3 554.65	13 677.64	91 126.82	446.74	49.63	6 936.81
	子区三	13 052.26	13 957.00	60 911.30	813.88	25.52	2 156.87
小计		21 600	102 800	183 500	1 510	172	13 800

由表 10-8 可知，大柳树生态经济区规划实施后，得益于退耕还林、退牧还草、划区轮牧休牧和湿地恢复等生态建设政策的实施，大柳树生态经济区内各地区荒漠的面积将呈现大幅减少态势，而耕地、林地、牧草地和城镇村工矿用地均呈增加趋势，其中，林地面积的增长幅度最大，耕地、牧草地和城镇村工矿用地的增长则较为平稳，水域面积基本保持不变。从各个子区看，子区一对大面积的荒漠

草原和灌丛草原等生态脆弱景观进行保护性开发，使得该区域的灌木林地和荒漠植被逐步发展为林地和牧草地，荒漠面积将大幅缩减。子区二则将部分土壤有机质含量较高且含沙量较低的牧草地转变为耕地或林地，使得区域内林地和耕地面积大幅扩大。子区三在保留宁夏平原等宜农性较高的耕地的同时，可通过对有机质含量较高、沙含量较低的草地资源进行开发，进一步提升本区域优质耕地和林地的面积。

在干旱的大柳树生态灌区，绿洲是人类生存发展的最佳载体。绿洲一方面可为抑制土地沙漠化提供生态屏障，另一方面也可吸纳沙区人口，为荒漠化地区实施退耕还草还林创造条件。本区域土地广阔，生态脆弱，开发治理必须走非绿洲区保护、重点绿洲区开发的道路，即劳动力、土地、水资源、资金同步集约型开发的模式。完善和建设更大面积的节水高效绿洲，必须将现有的以农村个体生产、粗放灌溉为主体的绿洲发展模式，改造成为以节水高效农业为基础，以现代化第二、第三产业为主体，以节水型城镇为核心，以节水型林草生态系统为屏障的新型生态绿洲发展模式。大柳树生态灌区是融生态修复、绿洲农业、能源开发和扶贫解困四位一体的大型综合性工程，规划将开发建设 128 万 hm² 的生态绿洲灌区，生态保护区可修复 3233 万 hm² 的荒漠草原，将直接减少荒漠化土地 110 万 hm²（其中，旱耕地 6.8 万 hm²），开发一亩生态绿洲，平均保护 30 亩荒漠草原，真正实现"建设小绿洲、保护大生态"的目标。

10.1.2 生态农牧业开发的直接生态效应

大柳树生态经济区生态农牧业开发建设过程，就是将原来的草地生态系统或旱作农业生态系统，通过输入人力、水资源并调整产业结构，使其逐步转变为绿洲生态系统的过程。系统结构变化及负熵流的源源输入，促进土地承载力大幅提升，农民迅速脱贫，生态环境明显改善。

（1）提高土壤肥力

开发前土壤为淡灰钙土和风沙土，其有机质和养分含量很低，见表 10-9。

表 10-9 开发前土壤有机质和养分含量

项目	有机质（%）	全氮（%）	速氮（mg/kg）	速磷（ppm）
淡灰钙土	0.15～0.69	0.012～0.047	6.0～31.9	0.8～8.7
风沙土	0.1～0.38	0.012～0.02	6.0～23.0	0.8～4.7

资料来源：王吉智，1984，1990。

根据对宁夏固海扬水生态灌区耕作土壤的测定，在开发后，经过几年的耕作、施肥，引用含有泥沙的黄河水灌溉，土壤理化性质向好，养分增加。淡灰钙土有机质一般增加至 0.6%以上，最高为 1.121%，全氮为 0.0361%～0.0696%，速氮为 22.8～49.1mg/kg，速磷为 10.35～19.76mg/kg；风沙土有机质一般增加至 0.3%以上，最高为 0.702%，全氮为 0.027%～0.0525%，速氮为 15.78～28.06mg/kg，速磷为 6.744～14.11mg/kg。

（2）增加植被盖度

开发前，淡灰钙土植被类型为荒漠草原，主要由丛生小禾草和小半灌木共建种组成，而退化草原的强旱生、超旱生小灌木、小半灌木成分增加，主要为猫头刺、老瓜头、骆驼蒿和隐子草等，覆盖度仅为 10%～20%。风沙土主要植被有唐古特白刺、中间锦鸡儿和油蒿等，覆盖度仅为 5%～15%。浮沙地有油蒿、甘草、苦豆子、老瓜头和沙柳等。开发后，被各种作物、蔬菜、果树、防护林和人工草场等栽培植物取代，覆盖度为 50%～90%，生物量大大提高。

（3）改善小气候

绿洲建设减弱了风沙危害，生态系统趋于稳定且转向良性循环。据测定，灌区农田防护林网内年平均气温增加 0.6℃，年最低平均气温增加 0.4℃，年平均地面温度增加 0.3℃，年平均风速减弱 0.6m/s，年蒸发量减少 239.8mm。

（4）淡化地下水

新开发的绿洲一般土层较厚，地下水位较深（一般在 20m 以下），多数土壤含盐量不大，加上黄河水质较好，如果灌溉合理，一般不易发生盐渍化。据已开发灌区测定，灌区中 50%的地下水位有所上升，其中，上升 2m 以上的占灌区的 30%，其他变化不大。大部分灌区土壤盐分减轻，地下水淡化。

10.1.3 生态农牧业开发的间接生态效应

按照大柳树生态灌区的规划设想，大柳树生态经济区开发建设完成后，将可修复陕西、甘肃、宁夏、内蒙古 3233 万 hm^2 的荒漠草原。移民搬迁后，在灌区周边和某些地下水丰富的地段，通过引水灌溉、植树造林，将原来的荒漠草原生态系统转化为绿洲生态系统，改善了内部结构，生产力水平大幅提高。随着人工水文网络建成、人工植被增加，可相应地改善小气候，促进土地利用系统趋于稳定，增加生态服务价值，减少水土流失，阻止草原退化和沙化土地的扩展，成为抑制大范围土地沙漠化和沙尘暴的重要生态屏障。

（1）形成新的荒漠绿洲

本区大部分属干旱半干旱地区，水资源不足是导致生态稳定性差、环境容量低、抗御自然灾害和人为破坏能力弱的主导因素。荒漠化和绿洲化是干旱半干旱地区主要的地理过程，前者是在气候干旱或人类不合理利用影响下发生的土地退化、植被覆盖率逐渐降低的过程，包括水土流失、沙漠化和盐渍化等，后者正好相反，即水分输入、植被覆盖度提高、单位面积生物产量增加的过程；两者均主要受制于水资源。在干旱半干旱地区，绿洲面积所占比重很小，但绿洲的人口承载力和环境容量大于荒漠数百倍，甚至上千倍，因而干旱半干旱地区人口绝大部分集中于绿洲。

大柳树生态灌区黑山峡以下至河口镇段的流域面积为 14 万多平方千米，是黄河流域最干旱缺水的地带，大部分地区荒漠化十分严重，是我国北方最著名的生态脆弱带。在这里，没有水就没有稳定的农业，要大规模造林种草异常困难。生态破坏与经济社会发展阻滞形成恶性循环，导致生活贫穷、社会发展严重滞后。而该地区的少数绿洲（如宁夏引黄灌溉区和某些扬黄灌区）却自古至今充满生机，以"塞上明珠"闻名于世。

大柳树生态灌区作为国家重大的水资源工程列入《九十年代中国农业发展纲要》，其重大作用就在于通过强化黄河干流调蓄能力，每年新增数十亿立方米淡水存量。这些淡水除了保证沿河上下工农业和城市用水、支撑原有绿洲外，还有可能在现有灌区的节水技术改造、合理利用地下水资源及加强节水管理的条件下，形成 110 万 hm^2 的新绿洲，与原有的绿洲系统连接，形成 261.3 万 hm^2 的大型绿洲，从而把原先风沙频繁的荒漠草原和沙化土地变成田园锦绣、草高羊肥、绿荫遍地的新农村和新城镇。

由大型绿洲构成的生态屏障不仅可遏制流域内的荒漠化，还将可能惠及流域毗邻地区。例如，甘肃石羊河流域民勤盆地，因上游来水剧减、地下水超采严重，上百万亩天然林、人工林衰败死亡，沙漠以 10m/a 的速度推进，数十万亩耕地废弃。按这样的速度，不用多少年该盆地将成为新的罗布泊。而如果将大柳树水库的黄河水引至该地，则可较快地使荒漠化过程逆转为绿洲化。毫无疑问，大柳树生态灌区对陕西、甘肃、宁夏、内蒙古地区的生态环境改善意义重大。

（2）保护修复大面积荒漠化草原

本区域毗邻腾格里、库布齐和乌兰布和三大沙漠与毛乌素沙地。根据近些年甘肃、宁夏"三西"建设经验，在黄河上游沿岸开发新的绿洲，包括已建成的甘肃景泰、靖远，宁夏固海和南山台子等扬黄灌区，将处于水蚀风蚀严重、人口超载的定西、西海固等部分贫困人口迁移至新灌区，建设水土平衡、人地协调的农村新社区，既是促进迁出区与迁入区人民同步脱贫致富的有效途径，也是减轻沙化土地和黄土丘陵区域人口压力、为陡坡地沙荒地退耕还林还草创造条件、保护大面积荒漠草原和遏制草原荒漠化的有力措施。通过大柳树生态灌区的建设，可有效保护 3233 万 hm^2 的荒漠草原，保护面积是绿洲灌区的 30 倍以上，有利于加快本区域黄土高原水土流失和土地沙化的治理进度。

因此，建设大柳树生态灌区有助于改变由来已久的黄土丘陵、沙地和沙漠生态环境恶劣的状况，使土不下山、清水长流，逐步恢复古代"山林川谷美，天材之利多"的自然风貌，让昔日荒凉的千沟万壑变成富饶繁荣的农林牧发达之区，大幅度减少入黄泥沙。这种间接效应是一种影响深远、作用全局的宏观效应，它将为实现"再造一个山川秀美的西北地区"发挥独特的作用。

（3）促进区域生态系统稳定

大柳树生态灌区生态保护区总面积为 3233 万 hm²，由于干旱缺水，大片土地为干旱半干旱荒漠草原，草原面积占 64.0%，旱耕地面积达 133.3 万 hm²，占耕地面积的 50.5%，土地利用率低下，生产方式落后。在人为因素和自然因素的作用下，荒漠草原与耕地面积极不稳定。大柳树生态灌区建成后，将使本区域荒漠化土地面积减少 116.5 万 hm²，主要是新增 2.9 万 hm² 水库、110.0 万 hm² 水浇地和 3.6 万 hm² 工矿建设用地。又通过退耕还林、造林封育，使部分旱耕地和荒漠草原变为林地，预计可增加林地 267.7 万 hm²，土地利用结构将发生重大变化，并且得到进一步优化。

同时，由于灌区的开发建设、生态移民的搬迁、水利工程的不断完善，一方面在灌区及周边形成区域小气候，地表浅层水将发生质的变化，为荒漠草原的植被恢复提供有利条件，另一方面生态移民的迁出，减少人为破坏环境的可能，使荒漠草原逐渐得以修复，坡耕地全部退耕还林（草），从而在工程建设区逐步形农业用地、生态林业用地、工业城镇用地的合理配比，使土地利用方式得到极大的改善并趋于稳定。

10.2　生态服务功能价值评估方法

生态系统是由植物、动物和微生物群落，以及无机环境相互作用而构成的一个动态、复杂的功能单元。根据联合国 2001 年开始实施的千年生态系统评估及其相关报告，生态系统服务指人类从生态系统获得的各种收益，包括生态系统在提供食物和水等方面的供给服务；在调控洪水和疾病等方面的调节服务；在提供精神、消遣和文化收益等方面的文化服务；以及在养分循环等方面维持地球生命系统的支持服务。

10.2.1　供给服务价值评估

生态系统的供给服务指人类从生态系统获取的各种产品，主要包括以下几个方面。

食物和纤维：包括取自植物、动物和微生物的大量食物产品，以及从生态系统获得的各种原料，如木材、黄麻、大麻及许多其他产品。

燃料：木材、牲畜粪便，以及用作能源的其他生物原料。

遗传资源：包括用于动植物繁育和生物工艺的基因和遗传信息。

生化药剂、天然药物和医药用品：许多医药、生物杀灭剂、食物添加剂和生物原料都是来自生态系统。

装饰资源：用作装饰品的某些动植物产品，如皮革、贝壳和花卉。

为了综合反映本地区的资源供给情况及资源利用效率，借鉴有关部门对该地区供给服务功能价值的评估做法，采用评估地区的第一产业的 GDP 进行简化计算。

10.2.2 调节服务功能价值评估

生态系统的调节服务功能指人类从生态系统过程的调节作用中获取的各种收益，主要包括以下几个方面。

固碳释氧：生态系统通过植物光合作用固定碳并释放氧气，既可对局地的气候产生影响，同时也对全球的气候改善产生积极影响。

涵养水源：径流的时节和规模、洪水和蓄水层的补给都会受土地覆被变化的强烈影响。

保持土壤：植被在保持土壤和防止滑坡方面具有重要作用。

净化空气：生态系统既向大气中释放化学物质，同时也从大气中吸收化学物质，因而可以对空气质量产生多方面的影响。

（1）固碳释氧

由净初级生产力（net primary productivity，NPP）计算各生态系统的固碳量及经济价值。结合研究区域的地理位置，本书选取了 4 种寒温带和温带森林生态系统及 5 个与研究区域林地类型类似的西部地区森林生态系统、7 种温性草地生态系统及 2 个与研究区域草地类型类似的西部地区草地生态系统，以及 3 个区域的农田生态系统，将其干物质净初级生产力整理于表 10-10～表 10-12。根据光合作用公式，可知每生产 1g 干物质，植物会吸收 1.63g CO_2 并释放 1.19g O_2，从而可计算得到森林生态系统固定 CO_2（固碳量为固定 CO_2 的 27.27%）和释放 O_2 的量。

表 10-10 森林生态系统净初级生产力及土壤固碳量

林种/地区	生产能力（t/hm² · a）	数据来源
寒温带落叶松林	8.32	赵同谦等，2004b；冯宗炜等，1999；陈灵芝等，1997
温带常绿针叶林	7.40	
温带亚热带落叶阔叶林	5.73	
温带落叶小叶疏林	7.70	

续表

林种/地区	生产能力（t/hm²·a）	数据来源
甘肃	5.62～10.89	靳芳等，2005；方精云等，1996
陕西	6.68～9.16	康艳等，2005；马长欣等，2010；方精云等，1996
青海	6.39～9.34	张永利等，2007；方精云等，1996
新疆	5.59～10.02	熊黑钢和秦珊，2006；方精云等，1996
宁夏	6.42～10.39	孙颖等，2009；方精云等，1996

表 10-11　草地生态系统净初级生产力

草地	生产能力（t/hm²·a）	数据来源
温性草甸草原	4.51	
温性草原	2.96	
温性荒漠草原	1.68	
温性草原化荒漠	1.42	廖国藩和贾幼陵，1996；陈百明，2001
温性荒漠	1.11	
山地草甸	5.72	
低地草甸	7.18	
新疆温性草甸草原	3.72	
新疆温性草原	1.63	
新疆温性荒漠草原	1.00	
新疆温性草原化荒漠	0.86	叶茂等，2006；王春芳等，2006
新疆温性荒漠	0.89	
新疆山地草甸	5.89	
新疆低地草甸	3.44	
内蒙古温性草原	1.76	闵庆文，2004；李凌浩等，1998

表 10-12　农田生态系统净初级生产力

区域	面积（10⁸hm²）	CO₂吸收量（10⁸t）	O₂释放量（10⁸t）
内蒙古	0.0820	0.1637	0.1205
新疆	0.0399	0.1363	0.1003
黄土高原	0.1143	0.3685	0.2712

采取《森林生态系统服务功能评估规范》（LY/T 1721—2008）中的固碳和释氧价格，则生态系统固碳释氧服务功能价值的计算公式为

$$U_{固}=AC_1\times1.63\times0.2727B+1.19AC_2B \tag{10-1}$$

式中，A 为林地面积；B 为单位面积林地年净生产能力；C_1 和 C_2 分别为固碳和释

氧价格。

（2）涵养水源

生态系统的涵养水源功能包括调节水量和净化水质。采用降水存储量法计算森林、草地和农田生态系统水资源涵养量，计算公式如下：

$$Q = A \times J \times R$$
$$J = J_0 \times K \tag{10-2}$$

式中，Q 为与裸地相比，生态系统涵养水分的增加量；A 为生态系统面积；J 为多年平均产流降水量；J_0 为多年平均降水总量；K 为产流降水量占降水总量比例；R 为与裸地相比，生态系统减少径流的效益系数，即截流系数。研究区域地处中国西北，K 值取 0.4。R 值的选取参考的已有研究结果和相关出版物列于表 10-13（其中，农田生态系统为单位面积的水源涵养量）。

表 10-13　森林、草地和农田生态系统的 R 值

林地种类	R	数据来源	林地所属区域	R	数据来源	草地种类	R	数据来源	农田所属地区	农田涵养水源量（t/hm²）	数据来源
寒温带落叶松林	0.21	赵元藩等，2010；赵同谦等，2004b；张彪等，2008	甘肃	0.25	靳芳等，2005	温性草原	0.15	赵同谦等，2004a	内蒙古	0.351	孙新章等，2007
温带常绿针叶林	0.24		陕西	0.16	康艳等，2005	温性草甸草原	0.18		新疆	0.355	
温带亚热带落叶阔叶林	0.28		青海	0.14	张永利等，2007	山地草甸	0.25		黄土高原	1.64	
温带落叶小叶疏林	0.16		宁夏	0.26	孙颖等，2009	低地草甸	0.20				

生态系统调节水量的价值通过替代工程法计算：

$$U_{调} = Q \times C_{库} \tag{10-3}$$

式中，$U_{调}$ 为森林生态系统涵养水源价值；$C_{库}$ 为水库的单位库容造价。

在大多数已有研究中，水库的单位库容造价广泛采用 0.67 元/m³，或采用当地生活用水价格。国家林业局于 2008 年发布的《森林生态系统服务功能评估规范》（LY/T 1721—2008）根据 1993~1999 年《中国水利年鉴》平均水库库容造价 2.17 元/m³ 和 2005 年价格指数 2.816，计算并选取单位蓄水费用为 6.1107 元/t。本书采用《森林生态系统服务功能评估规范》（LY/T 1721—2008）中数值。

净化水质的价值通过以下公式计算：

$$U_{水质} = K_{水} \times Q \tag{10-4}$$

式中，$K_{水}$ 为研究区域内居民用水平均价格。

（3）土壤保持

各类型生态系统土壤保持量通过如下公式计算：

$$A_t=A_w \times A_s \qquad (10\text{-}5)$$

式中，A_t 为生态系统土壤保持量；A_w、A_s 分别为风蚀为主区和水蚀为主区的土壤保持量。森林、草地生态系统及不同区域农田生态系统土壤保持量数据来自全国第二次土壤侵蚀普查数据，列于表 10-14、表 10-15。

表 10-14　森林、草地生态系统土壤保持量　　　　（单位：10^4t/a）

森林、草地生态系统	抵御水蚀土壤保持量	抵御风蚀土壤保持量
寒温带落叶松林	31 276.10	158.27
温带常绿针叶林	22 352.20	3 090.10
温带亚热带落叶阔叶林	165 666.00	15 509.00
温性草甸草原	68 660.10	24 213.00
温性草原	94 715.80	170 749.00
山地草甸	89 166.80	4 282.72
低地草甸	98 297.50	91 625.30

表 10-15　不同区域农田生态系统的土壤保持量

区域	面积（10^8hm^2）	保持量（10^4m^3/a）
内蒙古	0.0820	1947
新疆	0.0399	181
黄土高原	0.1143	21317

森林生态系统土壤保持的经济效益通过机会成本法估算：

$$E_s=A_t \times B/（0.5 \times 10\,000 \times \rho） \qquad (10\text{-}6)$$

式中，E_s 为土壤保持引起的土地废弃减少而产生的生态经济价值；A_t 为土壤保持量；B 为研究区域单位农田年均收益；ρ 为土壤容重，取 1.35g/cm^3，土壤表土平均厚度取 0.5m。

（4）净化空气

森林生态系统具有净化空气的功效，主要包括吸收 SO_2 和滞尘。各类型森林生态系统的 SO_2 吸收和滞尘能力见表 10-16，现有研究中普遍取 SO_2 投资处理成本为 170 元/t，滞尘投资处理成本为 600 元/t。《森林生态系统服务功能评估规范》（LY/T 1721—2008）根据国家发展和改革委员会颁布的《排污费征收标准及计算方法》中的排污费收费标准，取 SO_2 吸收和滞尘的治理成本分别为 1.20 元/kg 和 0.15 元/kg，本书采用《森林生态系统服务功能评估规范》（LY/T 1721—2008）中的数值。

表 10-16　各类型森林生态系统的 SO_2 吸收和滞尘能力　　（单位：kg/hm^2）

项目	阔叶林	柏	松	杉
SO_2 吸收（赵同谦等，2004b）	88.65	411.60	117.60	117.60
滞尘（赵同谦等，2004b）	10 110	/	36 000	30 000
SO_2 吸收（靳芳等，2005）	88.65		215.6	
滞尘（靳芳等，2005）	10 110		35 200	
SO_2 吸收（余新晓等，2005）	88.65		215.6	
滞尘（余新晓等，2005）	10 110		33 200	
SO_2 吸收（张岑等，2007）	88.65		215.6	
滞尘（张岑等，2007）	10 110		33 200	

10.2.3　文化服务

生态系统的文化服务功能指人们通过精神满足、认知发展、思考、消遣和美学体验而从生态系统获得的非物质收益，主要包括以下几个方面。

文化多元性：生态系统的多样性是影响文化多元性的一个因素。

精神与宗教价值：许多宗教是把精神与宗教价值寄托于生态系统或者其组分之中。

知识系统（传统的和正式的）：生态系统可以对由不同文化背景发展而来的知识类型产生影响。

教育价值：生态系统及其组分和过程可以为许多社会提供开展正式教育和非正式教育的基础。

灵感：生态系统可以为艺术、民间传说、民族象征、建筑和广告提供丰富的灵感源泉。

美学价值：许多人可以从生态系统的多个方面发现美的东西或美学价值，这已经反映在人们对公园和"林荫大道"的喜爱，以及对住房位置的选择取向。

社会关系：生态系统可以对建立在特定文化基础之上的多种社会关系产生影响。例如，渔业社会的社会关系，与游牧群落或者农业社会具有许多不同之处。

文化遗产价值：许多国家对维护历史重要景观或者具有显著文化价值的物种赋予很高价值。

消遣和生态旅游：人们对空闲时间出游地选择，通常是根据特定区域的自然景观或者栽培景观的特征而做出的。

生态系统的文化服务功能主要根据评估地区的旅游业收入计算。

10.2.4 支持服务

生态系统的支持服务是为生产其他所有的生态系统服务而必需的那些生态系统服务，主要表现为养分循环和生物多样性支持。

（1）养分循环

根据各生态系统营养元素含量（表 10-17 中森林生态系统以营养元素占干物质的质量百分比衡量，草地生态系统以单位面积草场营养元素含量衡量）和 N、P、K 肥的价格计算森林、草地和农田生态系统的养分循环功能价值。N、P、K 肥的价格和化肥中的 N、P、K 元素含量采用《森林生态系统服务功能评估规范》（LY/T 1721—2008）中根据国家化肥产品说明选取的数值（表 10-18）。

表 10-17　各森林生态系统营养元素含量

森林生态系统	N 元素含量（%）	P 元素含量（%）	K 元素含量（%）
寒温带落叶松林	0.400	0.085	0.227
温带常绿针叶林	0.330	0.036	0.231
温带亚热带落叶阔叶林	0.531	0.042	0.201
草地生态系统	营养元素含量 N （t/hm^2×a）	营养元素含量 P （t/hm^2×a）	营养元素含量 K （t/hm^2×a）
温性草甸草原	0.198	0.020	/
温性草原	0.195	0.032	/
山地草甸	0.149	0.013	/
低地草甸	0.286	0.022	/

资料来源：赵同谦等，2004a，2004b；孙新章等，2007

表 10-18　化肥价格与营养元素含量

项目	单位	含量与价格
磷酸二铵含氮量	%	14.00
磷酸二铵含磷量	%	15.01
氯化钾含钾量	%	50.00
磷酸二铵价格	元/t	2400
氯化钾价格	元/t	2200

（2）生物多样性

1）森林生态系统对生物物种资源的保护价值用下式计算：

$$U_{生物}=A{\times}S \tag{10-7}$$

式中，$U_{生物}$ 为生态系统保护生物物种资源的价值；S 为每平方千米土地的生物物种资源保护价值；A 为土地面积。

根据 Shannon-Wiener 指数计算生物物种资源保护价值，共划分为 6 级：当指数小于 1 时，S 为 5000 元/hm²；当指数为 1~2 时，S 为 10 000 元/hm²；当指数为 2~3 时，S 为 20 000 元/hm²；当指数为 3~4 时，S 为 30 000 元/hm²；当指数为 4~5 时，S 为 40 000 元/hm²；当指数为 5 以上时，S 为 50 000 元/hm²［依据《森林生态系统服务功能评估规范》（LY/T1721—2008）］。经查阅相关文献，将所得研究区域各树种 Shannon-Wiener 指数值列于表 10-19。

表 10-19　不同林种的 Shannon-Wiener 指数

树种	青海云杉	柏木	落叶松	油松	华山松	栎
指数	1.752	1.855	1.263	1.911	1.949	1.539
树种	桦木	杨树	软阔叶	硬阔叶	椴树	经济林
指数	2.099	1.473	1.743	1.54	1.62	0.61

2）草地生态系统维持生物多样性的价值可依据机会成本、政府经费投入和公众支付意愿的总和进行估算。草地生态系统为保护生物多样性而丧失的机会成本可通过草地自然保护区的面积与研究区域单位草地面积平均产值的乘积估算。政府经费投入即研究区域各级政府对草地自然保护区的经费投入数目。公众支付意愿即根据《中国生物多样性国情研究报告》中的调查结果，全民每人每年捐赠支付金额为 10 元，再结合研究区域人口估算得到该地区生物多样性保护支付意愿金额，而后按照《中国濒危动物红皮书》记载的中国一级保护物种中主要生境为草地生态系统的保护物种的比例 9.1%，估算得到草地生态系统维持生物多样性的支付意愿。

10.3　生态服务功能价值核算

生态服务价值是定量表征生态系统服务功能的重要指标。采用《千年生态系统评估报告》所确定的评估方法，初步核算大柳树生态经济区目前和灌区规划实施后生态服务功能价值的变化。

10.3.1　供给服务功能价值

根据大柳树生态经济区的区划结果，该区域内最终可形成 2.8 万 km²（其中，新开发 1.3 万 km²、折合 2020 万亩）的灌溉绿洲、19.1 万 km² 生态农牧业经济区，修复 13.0 万 km² 的生态脆弱区。同时，社会经济发展的形势及对策也对大柳树生态经济区远期的供给服务功能具有一定影响。为此，根据现状水平（表 10-20 和表 10-21）类推大柳树生态经济区灌区规划实施后产生的生态效益，具绿洲系统每公顷生物产出为原草地系统或旱作农业系统的 7.5～40 倍，可有效带动区域农牧业的发展，支撑清真食品基地的建设。

表 10-20　大柳树生态经济区不同系统土地直接供给服务功能预测参数（2012 现价调查）

草地系统 （kg/hm²）	旱作农业系统 （kg/hm²）	绿洲系统 （kg/hm²）	生产力比值	产品单价 （元/kg）
饲草 3 000	—	苜蓿 22 500	1：7.5	0.45
—	小麦 450	小麦 4 530	1：10	2.50
—	麦秸 300	麦秸 2 850	1：10	0.20
—	—	水果 6 000	1：8	4.50
—	—	瓜菜 30 000	1：40	1.20

表 10-21　大柳树生态经济区供给服务功能价值分析

区域	子区一	子区二	子区三	总计
现状	126.45	409.67	592.72	1128.84
规划实施后	2081.60	1441.70	1615.21	5138.51

大柳树生态灌区开发在保证粮食有效供给的基础上，发展以草畜产业为主导，农林特色产业为补充的特色产业体系。灌区近远期 1920 万亩建成后，农林牧比例由现状的 40：15：45 调整为 32：23：45，其中，农业面积为 620 万亩、林业面积为 447 万亩、牧草面积为 853 万亩。

按照规划的农业生产结构布局计算（表 10-22），规划灌区可生产粮食 319 万t（含小麦和玉米）、瓜菜 162.0 万 t，油料 20 万 t。规划灌区生产粮食可以满足 2000 万人、蔬菜可以满足 1157 万人、食用油可以满足 1667 万人的年消费需求。规划灌区可生产青干草 1108 万 t，草畜产业可发展肉羊养殖 1000 万只、肉牛养殖 200.0 万头、奶牛养殖 20.0 万头、鸡 300.0 万只，肉蛋奶产量为 172.0 万 t。肉类可以满足 1931 万人、牛奶可以满足 3056 万人的年消费需求。特色林果业发展到 297 万亩，其中，葡萄种植 84 万亩、枸杞种植 37 万亩、其他果树种植 176 万亩。特色果品产量为 309 万 t，可以满足 5150 人的年消费需求。

大柳树生态灌区的开发除满足灌区内规划人口 296 万人的生活需求外，还可以为周边地区提供相当数量的农产品。估算规划灌区远期农林牧年产值达 685 亿元，远景展望按照远期规划规模进行类比分析，预计农林牧年产值可达 2055 亿元。

表 10-22 大柳树生态灌区供给服务功能价值核算结果

项目	作物名称	现状			规划实施后			净增量		
		规模	总产量	总产值	规模	总产量	总产值	规模	净产量	净产值
		（万亩）	（万 t）	（亿元）	（万亩）	（万 t）	（亿元）	（万亩）	（万 t）	（亿元）
种植业	小麦	75.5	20.4	4.9	109.2	32.8	6.6	33.7	12.4	1.7
	玉米	133.2	66.6	13.3	357.4	285.9	57.2	224.2	219.3	43.9
	瓜菜	25.6	66.5	7.4	54.0	162.0	16.2	28.4	95.5	8.8
	油料	37.7	5.3	2.6	99.7	19.9	7.5	62.0	14.6	4.9
	小计	272.0	—	28.2	620.3	—	87.5	348.3	341.8	59.3
畜牧业	饲草	356.6	356.6	35.7	852.6	1108.3	110.8	496.0	751.7	75.1
	肉牛	31.0	4.7	23.3	200.0	36.0	216.0	169.0	31.3	192.7
	肉羊	315.0	4.7	18.9	1000.0	20.0	100.0	685.0	15.3	81.1
	奶牛	—	—	—	20.0	110.0	44.0	20.0	110.0	44.0
	鸡	—	—	—	300.0	6.0	6.0	300.0	6.0	6.0
	小计	356.6	—	77.9	—	—	476.8	496.0	914.3	398.9
林果业	枸杞	9.9	1.8	5.3	37.2	7.4	22.3	27.3	5.6	17.0
	葡萄	28.0	28.0	8.4	83.6	125.4	27.6	55.6	97.4	19.2
	其他	113.9	91.2	36.5	176.3	176.3	70.5	62.4	85.1	34.0
	小计	151.8	120.9	50.2	297.0	309.1	120.4	145.3	188.1	70.2
合计		780.4	—	156.3	1769.9	—	684.7	2509.6	1444.2	528.4

注：畜牧业中肉牛、肉羊、奶牛、鸡的规模单位为万头或万只

10.3.2 调节服务功能价值

采用净初级生产力法、降水存储量法分别计算了大柳树生态经济区固碳释氧和涵养水源的生态服务价值，并以土壤保持量、SO_2 吸收和滞尘能力为指标计算了大柳树生态经济区的保持土壤和净化空气的生态服务价值，计算结果见表 10-23～表 10-26。

表 10-23 大柳树生态经济区固碳释氧功能价值计算结果 （单位：亿元）

区域	子区一	子区二	子区三	总计
现状	339.68	1104.03	1081.70	2525.41
规划实施后	2290.47	1302.70	1121.64	4714.81

表 10-24 大柳树生态经济区涵养水源功能价值计算结果　（单位：亿元）

区域	子区一	子区二	子区三	总计
现状	86.32	418.65	332.98	837.95
规划实施后	432.72	421.58	332.09	1186.39

表 10-25 大柳树生态经济区保持土壤功能价值计算结果　（单位：亿元）

区域	子区一	子区二	子区三	总计
现状	13.18	36.04	39.28	88.50
规划实施后	92.91	45.66	41.36	179.93

表 10-26 大柳树生态经济区净化空气功能价值计算结果　（单位：亿元）

区域	子区一	子区二	子区三	总计
现状	49.92	15.55	92.53	158.00
规划实施后	595.46	108.37	110.58	814.41

由表 10-23～表 10-26 可知，规划实施前后，大柳树生态经济区各项调节服务功能价值均有较大幅度提升，其中，最为主要的调节服务功能是固碳释氧，规划实施后，该项价值将达到 4714.81 亿元，占总调节服务功能价值的 62%。此外，涵养水源也是大柳树生态经济区调节服务功能的重要组成部分，规划实施后将达到 1186.39 亿元，增长幅度为 41.58%。调节服务功能价值的增加表明，大柳树生态经济区生态环境质量总体不断提高。

在三个子区中，子区一各项调节服务功能价值增长幅度最大，规划实施后将由之前的 489.10 亿元增长至 3411.56 亿元，增长幅度高达 597.52%。子区二和子区三则较为缓慢，分别从规划实施前的 1574.27 亿元和 1546.49 亿元增长至规划实施后的 1878.31 亿元和 1605.67 亿元，增长幅度分别为 19.31%和 3.83%。对涵养水源和保持土壤的生态服务价值，子区二和子区三在规划实施前后基本保持稳定。因此，大柳树生态经济区的建设，可以促进耕地、林地和牧草地等人工生态系统具有日趋良好的植被覆盖、高效的生产力和较高的废物处理能力，并通过选取科学合理的生态农牧业发展模式，增加灌溉耕地面积，促进植树造林，种植高产牧草，提高区域土地利用集约度，增加区域人口承载能力，改善区域生态环境。

10.3.3 文化服务功能价值

参考多项相关研究，主要根据区域内各省、区、市的旅游业收入来评估大柳树生态经济区提供文化服务功能的价值，计算结果见表 10-27。

表 10-27　大柳树生态经济区文化服务功能价值计算结果　　（单位：亿元）

区域	子区一	子区二	子区三	总计
现状	50.88	125.39	178.46	354.73
规划实施后	821.68	1017.65	1104.98	2944.31

　　由表 10-27 可知，规划实施后，大柳树生态经济区的文化服务功能价值呈增加趋势，从 354.73 亿元增长至 2944.31 亿元，增长幅度达到 730.01%。各子区文化服务功能价值都呈现出较大的增长幅度，其中，子区一增长幅度最大。究其原因，既得益于在国家西部大开发战略的支撑下，大柳树生态经济区内各省、区经济社会的高速发展，对外开放程度的明显增强，也得益于退耕还林和退牧还草等生态保护政策的实施，以及区域生态环境质量的好转。随着轮牧禁牧、国家公益林和湿地恢复等生态修复、保护项目的进一步推行，大柳树生态经济区提供文化服务的能力也将进一步增强。

10.3.4　支持服务功能价值

　　生态系统支持服务是为生产其他所有生态系统服务而必需的那些生态系统服务，主要表现为养分循环和生物多样性支持。其中，养分循环功能主要根据林地和牧草地等各生态系统营养元素含量和国家林业局提供的《森林生态系统服务功能评估规范》（LY/T 1721—2008）中 N、P、K 肥的价格计算；生物多样性支持功能采用 Shannon-Wiener 指数法计算，结果见表 10-28。

表 10-28　大柳树生态经济区支持服务功能价值计算结果　　（单位：亿元）

区域	子区一	子区二	子区三	总计
现状	20.70	69.06	64.83	154.59
规划实施后	176.61	85.64	67.30	329.55

　　由表 10-28 可知，规划实施后大柳树生态经济区的支持服务功能价值呈稳步增加趋势，从规划实施前的 154.59 亿元增长至 329.55 亿元，增幅达到 113.18%，土地的养分循环功能和生态系统生物多样性均有所增强。其中，子区一的支持服务功能价值增长最为显著，子区二和子区三也均有稳定增长。

10.3.5　综合评估

　　基于生态服务功能价值评估体系，本部分针对不同生态农牧业模式，对大柳树生态经济区的生态服务功能价值进行了评估计算，结果见表 10-29。

表 10-29　现状生态服务功能价值计算结果 （单位：亿元）

区域	供给功能	调节功能	文化功能	支持功能	总计
子区一	126.45	489.11	50.88	20.70	687.14
子区二	409.67	1574.27	125.39	69.06	2178.39
子区三	592.72	1546.49	178.46	64.83	2382.50
合计	1128.84	3609.87	354.73	154.59	5248.03

注：供给功能和文化功能价值核算来源于当地社会经济发展目标；传统模式指根据宁夏及其周边地区近十年来的社会经济发展和生态环境建设效果，按照目前的发展方式采用趋势外推法进行分析计算的结果

由表 10-29 和表 10-30 可知，规划实施后大柳树生态经济区生态服务价值将达到 15 307.91 亿元/a，相较于规划实施前，提升幅度达到 191.69%。三个子区中，子区一的生态服务价值增长最为明显，增幅可达 844.71%。可以看出，通过对该子区内面积较大的荒漠和其他植被覆盖度较低的土地进行改造、保护和合理开发，将之转化为具有较高调节功能和供给功能价值的灌木林地、草原或其他林地，可大幅度提升该子区的生态服务功能价值。

表 10-30　规划实施后生态服务功能价值计算结果 （单位：亿元）

区域	供给功能	调节功能	文化功能	支持功能	总计
子区一	2 081.60	3 411.56	821.68	176.61	6 491.45
子区二	1 441.70	1 878.31	1 017.65	85.64	4 423.30
子区三	1 615.21	1 605.67	1 104.98	67.30	4 393.16
合计	5 138.51	6 895.54	2 944.31	329.55	15 307.91

同时，在遵循宜农则农、宜林则林、宜草则草的原则对各子区的土壤植被、景观生态和土地利用方式进行合理规划的同时，也应注意到森林生态系统在固碳释氧、涵养水源和提供支持服务等方面的能力强于农田和草原等生态系统。在临近水源的地区应更多地采用以具有地方特色的林业为主体的、多产业结合的高效生态农林牧业模式。适度缩小水稻和小麦等粮食作物的种植面积，相应增加特色林木的种植面积，将促进大柳树生态经济区生态服务价值的提升。

草地生态系统在固碳释氧、涵养水源和提供支持服务等方面的能力略强于农田生态系统，在国家退耕还草的政策框架下，推广退耕还草、退牧还草，扩大牧草种植面积，发展草畜型生态农牧业模式，也将促进大柳树生态经济区生态服务功能价值的提升。

伴随着城市化和现代化进程，城镇在不断扩大面积的同时，也为生态农牧业的发展提供了市场、技术和人才基础等条件。城郊型生态农牧业模式在为城乡人民提供农副产品的同时，也可促进大柳树生态经济区生态服务价值的提升。

　　在相关发展条件得以保障的前提下，规划实施后的大柳树生态经济区将可产生 1.53 万亿元/a 的生态服务价值，考虑能源的开发及相关工业产业和服务业与战略型新兴产业的发展，预计可形成 5 万亿～10 万亿以上的地区生产总值，不仅具备成为我国经济增长第四极的条件，而且具有非常显著的生态效益。

第11章 提高大柳树生态经济区建设的支撑保障能力

11.1 编制大柳树生态经济区规划，推动其纳入国家战略

2013 年 8 月 19 日，李克强在甘肃调研时强调："中国发展最大的回旋余地在中西部，西部大开发在区域协调发展总体格局中具有优先位置。"

围绕区域生态经济和生态农牧业发展需要，在《集中连片特殊困难地区区域发展与扶贫攻坚规划》和《西部大开发"十二五"规划》等国家规划的指导下，研究推动西部地区特色产业发展和特色小城镇建设，从国家战略层面加强对大柳树生态经济区发展的顶层设计，把保护和改善生态环境放在更加突出的位置，正确处理发展与惠民、当前与长远、流域与区域、开发与保护、建设与管理等关系。组织编制《大柳树生态经济区规划》，推动区域经济高品质增长，自然资源低消耗、环境污染物低排放，社会效益、经济效益与环境效益共赢，生产、生活与生态共赢，政府利益、企业利益与公众利益共赢。

11.2 建设现代化基础设施，启动大柳树水利枢纽工程

大柳树生态经济区幅员辽阔，但基础设施薄弱，水资源稀缺，50%以上地区靠天吃饭，社会经济发展滞后，亟须加快基础设施建设，形成配套完善的水利设施、快捷畅通的交通网络和安全可靠的能源保障体系，增强发展高效生态经济的支撑能力。

干旱半干旱地区的发展关键在水，希望在水，解决水资源问题的根本途径则是水利工程的调蓄和保障，因此，大柳树水利枢纽工程建设是大柳树生态经济区

开发建设的先决条件。依托该工程，推进黄河中上游地区水资源优化配置，按照节约优先、优化配置、科学保护、综合治理的原则，加强水利建设规划，加大工程措施力度，加快大中型灌区续建配套和节水改造，促进水资源的合理开发和高效利用，建设节水型社会。

大柳树水利枢纽工程作为黄河调水调沙体系的重要组成部分，同时也是南水北调西线工程的调蓄工程，对保障黄河上中游地区的供水安全、能源安全和生态安全和经济发展具有不可替代的作用，对维持黄河健康生命、保证黄河安澜、改善黄河中下游地区生态环境、促进西北地区经济可持续发展、促进民生改善、建设生态文明都具有重大意义。因此，加快落实黄河治理开发规划，尽快确定黑山峡河段开发方案，早日建设大柳树水利枢纽已到了刻不容缓的地步。

11.3 推进生态建设和环境保护，加快生态文明建设

落实全国主体功能区规划，加强重要生态功能区生态保护和修复，依托山体、河流和干渠等自然生态空间，积极推进六盘山中部干旱带生态区、平原生态涵养区、沿黄生态涵养带建设，构筑区域生态安全网络。在内蒙古、宁夏、甘肃草原荒漠化防治区开展以草原恢复、防风固沙为主要内容的综合治理，加强沙区林草植被保护及牧区水利设施、人工草场和防护林建设。在陕西、甘肃、宁夏黄土高原丘陵沟壑区开展以防治水土流失为主要内容的综合治理，大力开展植树造林、封山育林育草、淤地坝建设，加强小流域山、水、田、林、路综合整治。继续实施退耕还林、退牧还草和天然林保护等重点生态工程。

积极开展农产品产地重金属污染防治和农业面源污染监测，加快农村河道、水环境的综合治理。建立完善的生态补偿机制，支持六盘山生态补偿示范区建设。深化生态环保国际合作，引导国内外资金投向生态环保项目。

11.4 创新"三化"协调发展体制机制，促进区域联动发展和开放合作

鼓励大胆探索，先行先试，深化改革，创新机制，不断破解"三化"（新型工业化、新型城镇化、农业现代化）协调发展的体制机制难题，以改革促创新、

促发展，推动传统的农业生产区向高效的现代农牧业经济强区转变。形成农牧业经济发展与生态保护有机结合、良性互动、协调推进的体制机制，为高效生态经济发展提供强大动力和制度保障。以推进生态农牧业发展为基础，完善大柳树生态经济区联动发展机制，打造高水平开放合作平台，全面提升对外开放水平，建设内陆开放高地，强化全国区域协调发展的战略支点作用。

推进重点领域和关键环节改革。进一步深化政府机构改革，推进政府职能转变，健全科学决策机制，完善信息公开制度，提高行政效能。健全领导班子和领导干部生态离任审计考核机制，树立有利于科学发展的绿色政绩观。在坚持实行最严格的耕地保护和节约用地制度前提下，适应黄河中上游地区高效生态经济发展的需要，改革土地管理方式。加强土地利用总体规划的管控和引导，积极探索土地利用规划动态管理模式。鼓励对宜农土地后备资源进行开发，在保证规划确定的耕地保有量和基本农田保护面积不减少的前提下，允许新增耕地在省域内用于占补平衡。

加快区域一体化发展，优化区域内分工合作。完善产业分工协作体系，打造区域优势产业链，实现产业对接、错位发展。探索跨行政区域产业合作发展新模式，打破行政界限和市场分割，建立统一的商品市场、产权交易市场、人力资源市场，加强科技资源、信用体系、市场准入、质量互认的对接。推动共建生态农牧业产业园区及农牧产品加工基地，并以此为依托，打造区域合作示范区，鼓励开发创建国家级生态农牧业示范园区。依托宁夏内陆开放型经济试验区，构建农牧产品对外开放的重要平台。充分发挥大柳树生态经济区战略腹地效应，全面加强与周边经济区的合作互动，提升对内对外开放水平，主动融入新一轮西部大开发和"丝绸之路经济带"建设。按照市场导向、优势互补、生态环保、集中布局的原则，积极发展形式多样、产品丰富的现代化农牧业生产模式。

11.5　强化科技创新，加强人才开发

科技和人才是大柳树生态经济区建设的支撑和关键。以科技惠民、科技惠农为突破口，着力促进科技进步，提升自主创新能力，加大人才引进力度。

大力提升科技创新能力，加快农牧业科技创新体系建设。以"科学布局，优化资源，创新机制，提升能力"为总体思路，以提高科技持续创新能力和效率为核心，以整合资源和创新机制为手段，以粮食安全、生态安全和农牧民增收为主要任务，从知识创新、技术创新、成果创新和产品创新四方面进行系统设计，构建由国家农牧业技术创新基地、区域性农牧业科研中心及试验站、企业农牧业科技研发中心为主要组成部分的开放式体系。围绕强科技保发展、强生产保供给、强民生保稳定的目标，进一步加大强农惠农富农政策力度，合力确保农牧民较快

增收,努力维护农村社会和谐稳定。完善农牧业科技创新机制,打破部门、区域、学科界限,有效整合科技资源,建立协同创新机制,推动产学研、农科教紧密结合,改善农牧业科技创新条件。加大国家各类科技计划向农牧业领域倾斜及支持的力度,提高公益性科研机构运行经费保障水平。支持发展农牧业科技创新基金,积极引导和鼓励金融信贷和风险投资等社会资金参与农牧业科技创新创业,强化基层公益性农技推广服务。充分发挥各级农技推广机构的作用,着力增强基层农技推广服务能力,推动家庭经营向采用先进科技和生产手段的方向转变。

农村农业人才是强农的根本,是大柳树生态经济区人才队伍的重要组成部分。紧紧围绕大柳树生态经济区现代农牧业发展的需求,以培养农牧业科研领军人才、技术推广骨干人才和农村实用人才带头人、生产型人才、经营型人才、技能服务型人才为统领,带动农业农村人才队伍全面发展。引导科研教育机构积极开展农技服务。引导高等学校、科研院所成为公益性农技推广的重要力量,强化服务"三农"职责,完善激励机制,鼓励科研教学人员深入基层从事农技推广服务。培育和支持新型农牧业社会化服务组织。通过政府订购、定向委托和招投标等方式,扶持农牧民专业合作社、供销合作社、专业技术协会、农牧民用水合作组织和涉农企业等社会力量广泛参与农牧业产前、产中、产后服务。

11.6　科学考核评估体系,推动区域科学发展

"十一五"以来,单位 GDP 能耗、主要污染物减排被纳入约束性指标并进行考核,成效明显。党的十八大把科学发展观列为党的指导思想,强调要将资源消耗、环境损害、生态效益纳入经济社会发展评价体系,这一举措明确传递出的信息是:经济发展是政绩,保护环境同样是政绩。

在大力推进生态文明建设的背景下,完善并加强指标考核的制度体系,设定目标体系、考核办法、奖惩机制,推进区域科学发展。围绕大柳树生态经济区不同功能区的发展定位和发展需求,结合特色农牧业布局及新型城镇化建设特点,制定由产业链复合程度、资源环境承载力、经济效益、资源能源集约化利用及污染排放等指标构成的环境准入和生态效率考核体系,以单位用地面积的经济效率、单位产品的资源消耗水平与单位产值的污染物排放量等指标为重点,建立农牧业生态化准入机制,不断提高资源尤其是水资源的利用效率,提升大柳树生态经济区发展质量。

第 12 章　完善大柳树生态经济区建设的政策体系

大柳树生态经济区，承担着多重使命，应给予特殊的政策支持。生态经济区的建设是一项跨部门、跨行业、跨地区的系统工程，国家发展和改革委员会应会同财政部、水利部、生态环境部、自然资源部、科学技术部、农业部及国家林草局等部门和单位，加强对大柳树生态经济区开发的指导监督，根据各综合治理区的实际情况，制定相应的治理策略，协调解决工程实施中的重大问题，科学评价工程实施效果。以更大的决心、更强的力度、更有效的举措，进一步完善扶持政策，进一步加大资金投入，进一步体现项目倾斜。

12.1　财 政 政 策

落实分类管理的财政和投资等区域政策，科学整合单项治理工程，加大中央财政资金对大柳树生态经济区建设的投入，多方筹集资金，加强资金管理，确保投资效益，使大柳树生态经济区建设达到预期效果。完善农牧业补贴制度，进一步增加农机具购置补贴，扩大补贴种类，把牧业、林业和抗旱、节水机械设备纳入补贴范围。按照存量不动、增量倾斜的原则，将新增农牧业补贴适当向种粮种草大户、农民专业合作社倾斜。逐步完善适合牧区、林区、垦区特点的补贴政策体系。加强对农牧业补贴对象、种类、资金结算的监督检查，确保补贴政策落到实处。大幅度增加中央和省级财政对小型农田水利设施建设补助专项资金的规模，新增一批小型农田水利建设重点县。大力发展高效节水灌溉，支持山区建设雨水集蓄等小微型水利设施。通过一事一议和财政补助等办法，鼓励农民自愿投工投劳开展直接受益的小型水利设施建设。加大整村推进、劳动力转移培训、产业化扶贫和以工代赈等各项扶贫工作力度。

12.2　税 收 政 策

对设在大柳树生态经济区的农牧产品生产及加工企业实施税收减免政策。企业从事国家重点扶持的公共基础设施项目投资经营所得，以及符合条件的环境保护、节能节水项目所得，可依法享受企业所得税"三免三减半"优惠。对区内开展农牧产品生产及加工的内资鼓励类产业、外商投资鼓励类产业及优势产业的项目在投资总额内进口的自用设备及设施，在政策规定范围内免征关税。

12.3 投 资 政 策

加大中央财政性投资投入力度，并将其向大柳树生态经济区民生工程、基础设施和生态环境等领域倾斜。提高现有投资企业技术改造和产业结构调整所占比例，加大对特色优势农牧业发展的支持力度。鼓励龙头企业通过合同订购、向农户提供贷款担保、赊销生产资料和实行保护价收购等措施，带动农民进入市场，实现互惠双赢。鼓励重点龙头企业、招商引资项目、从事农牧产品加工的企业进入农科园区，享受工业企业同等优惠政策，并优先保证供水、供电、通信和道路等配套设施。鼓励农牧业科研单位、农技推广机构和农牧业科技人员通过技术服务、技术承包和技术入股等方式，以领办及创办龙头企业等形式参与农牧业产业化经营。

12.4 金 融 政 策

进一步加大对大柳树生态经济区的信贷支持力度。加强财政政策和金融政策的有效衔接，鼓励政策性金融机构加大对大柳树生态经济区的金融服务力度，探索利用政策性金融手段支持农牧业发展。深化农村信用社改革，培育农村资金互助社等新型农村金融机构。抓紧制定并实施对偏远地区新设农村金融机构费用补贴等办法，逐步消除基础金融服务空白乡镇。落实和完善涉农贷款税收优惠、定向费用补贴和增量奖励等政策，进一步完善县域内银行业金融机构新吸收存款主要用于当地发放贷款的政策。鼓励地方各级政府通过资本注入和落实税费减免政策等方式，支持融资性担保机构从事中小企业或农村合作社担保业务。

12.5 产 业 政 策

大柳树生态经济区农牧业基础薄弱，最需要加强；农民增收缓慢，最需要加快；农村发展滞后，最需要扶持。为此应制定有差别的农牧业产业政策，深化以明晰产权、承包转包为重点的集体林权制度改革，加快推进配套改革，促进大柳树生态经济区特色优势农牧业产业发展。大力发展农民专业合作社，深入推进示范社建设，对服务能力强、民主管理好的合作社给予补助。选择一批有基础、有优势、有特色、有前景的农牧业产业化龙头企业作为国家重点扶持对象，积极推进农牧业产业化经营。

12.6 统筹城乡发展政策

加大中央财政转移支付力度，重点支持改善民生和促进城乡基本公共服务均等化。加大对特殊困难地区农村公益性项目建设的支持力度。探索建立耕地保护补偿机制。建立城乡统一的建设用地市场，逐步实现集体建设用地与国有土地同地同价。完善土地征用制度，提高被征地农民补偿标准，及时足额安排保障资金。规划推进工矿废弃地复垦调整利用试点，鼓励未利用地的开发利用。对损毁的建设用地和未利用地开发整理成园地的，按土地整治项目管理，并经国土资源和农业行政主管部门共同认定能调整成耕地的，可视同补充耕地。有序开展土地利用总体规划定期评估和适时修改。

12.7 生态补偿政策

按照"谁开发谁保护、谁受益谁补偿"的原则，逐步在森林、草原、湿地、流域和矿产资源开发地建立健全生态补偿机制。探索推进资源环境成本内部化。逐步提高国家级公益林生态效益补偿标准。按照核减超载牲畜数量、核定草地禁牧休牧面积的办法，开展草原生态补偿。抓紧研究开展对湿地的生态补偿。充分考虑黄河中上游地区生态保护的重要性，中央财政需加大对大柳树生态经济区内重点生态功能区的均衡性转移支付力度。鼓励黄河流域上下游生态保护与生态受益地区之间建立生态补偿机制。加大筹集水土保持生态效益补偿资金的力度。继续完善用水总量控制和水权交易制度，在甘肃、宁夏、内蒙古开展水权交易。加快制定并发布关于生态补偿政策措施的指导意见和生态补偿条例。

12.8 人 才 政 策

构建新型农牧业人才政策体系，推进农牧业人才的快速集聚和成长。通过加大投入力度，完善体制机制，强化联合协作，全力加强科技创新能力建设、推广服务能力建设及人才队伍建设，创造条件让广大农牧业科技工作者能够安心工作、潜心研究、热心服务，调动各方面力量共同推动农牧业科技进步，不断提升农牧业科技对农村经济发展的支撑能力。引导人才向农村基层和艰苦边远地区流动。对在农村基层和艰苦边远地区工作的人才，在工资、职务、职称和培训等方面实行倾斜政策，提高艰苦边远地区津贴标准，改善工作和生活条件，切实解决目前各类农牧业企业招不到也留不住农牧业技术类大学生、农场生产技术指导与管理型人才的突出问题。紧紧围绕现代高效农牧业发展，按照"做给农牧民看、带着农牧民干、帮助农牧民富"的要求，鼓励农牧业科技人员深入一线，创建一批农牧业科技创新创业示范园，创办一批农牧业科技型企业，领办帮办一批农牧业专业合作经济组织，从而加快农牧业新品种、新技术、新模式的推广步伐，促进农牧业科技创新与产业紧密结合、农牧业科技人员与生产紧密结合、农牧民与市场紧密结合。

12.9　帮 扶 政 策

扶贫开发工作在党和国家工作全局中具有重要的战略地位。在我国全面建设小康社会进入关键时期的新形势下，党中央国务院颁布实施《中国农村扶贫开发纲要（2011—2020 年）》，并召开中央扶贫开发工作会议，对加强扶贫开发工作进行了全面部署。农牧业行业扶贫工作是贯彻落实中央关于新时期扶贫开发事业各项决策部署的重要举措。立足大柳树生态经济区的资源优势和环境条件，以定点扶贫地区和集中连片特殊困难地区为重点，坚持统筹推进工业化、城镇化和农牧业现代化。以提升特色农牧产品生产能力为重点，以增加农牧民收入和改善生产生活条件为核心，不断强化农牧业基础设施建设，做大做强特色产业，推动科技创新，开展农民培训，开拓农牧产品市场，扩大农牧民就业，不断探索创新开展定点扶贫和行业扶贫工作的思路和方法，创建一条具有中国特色的贫困地区现代农牧业发展道路。

结　　论

本书通过梳理研究区历史时期的农牧业开发进程及影响、分析当代农牧业开发实践的基础上，揭示了农牧业开发与沙漠化正逆过程的关系，提出了生态农牧业开发的发展路径和模式，并进行了相应的生态效益评估。初步结论如下：

1. 农牧业开发与土地沙化不存在必然的因果关系

西北地区沙漠化的发生、发展与自然条件和政治环境均密切相关，腾格里、乌兰布和、库布齐三大沙漠及毛乌素沙地的形成绝非仅由农牧业开发所致：就前者而言，西北地区干旱多风、风蚀剧烈的环境本底，可为土地沙化提供丰富的沙尘物质，而气候的震荡会影响该区域脆弱生态系统的稳定性；就后者而言，因战争、旱灾和瘟疫等引发的社会动荡，或土地管理失序，必然导致耕地撂荒、渠系废弃，加之滥垦、滥牧、滥樵，均会造成土壤风蚀沙化。换言之，只有无序的、粗放的农牧业开发活动才会导致西北地区土地沙化。

大量历史事实表明，大柳树生态经济区历史时期的农牧业开发并不必然导致沙漠化。内蒙古河套平原、宁夏平原自 2000 多年前的秦汉时期就兴建了引黄河水自流灌溉的水利工程，形成了我国乃至世界干旱半干旱区规模空前的人工绿洲系统。自此以降，历代中央政府屡屡结合水网渠系、垦田规制，建立人工林网，兼收防风固沙、发展经济、调节气候之效，将大片封闭的荒漠草原生态系统改造成为生机盎然且具有可持续发展能力的农林牧复合生态体系。这一历史壮举，为我国西北边地经济开发、文明演进、生态保育做出了不朽的贡献。

2. 有稳定水资源保障的农牧业开发有利于改善西北地区生态环境

水资源不足是导致大柳树生态经济区环境容量低、生态系统稳定性差、抗御自然灾害和人为破坏能力弱的主要原因。有水即是绿洲，可促进人地关系和谐；无水即是荒漠，易引发人地关系对立。

当代李井滩生态移民示范区、红寺堡灌区的绿洲建设，证明了合理的灌区开发不仅不会破坏生态，还可改善区域脆弱的生态环境，提升区域生态服务功能。其通过吸纳大批生态移民，有效缓解生态脆弱地区长期难以承受的生态压力。

该区农业生产长期以来采取大水漫灌，加剧了水资源短缺的压力。通过加大力度推广喷灌、滴灌，实现节水灌溉全覆盖，可迅速改变农业用水比例过高的局面。通过对宁蒙甘老灌区实施节水挖潜，在南水北调西线工程建成生效之前，大柳树生态经济区的发展也完全可以不增引黄河水。

3. 引发沙化的主要人为因素有望得到遏制

沙漠化的人为原因主要分三个方面：一是历史时期，因战乱导致已开垦的灌区出现大规模撂荒，进而导致沙漠化；二是新灌区开发过程中，部分灌区由于"水未至，土地平整先行"，导致地表原有植被被破坏，而农业生产体系尚未建立，导致沙漠化；三是旱耕地的无序开发破坏了地表植被而加剧沙漠化。在当前和今后相当长的历史时期内，大规模的战乱在西北地区当不复存在，所以那里应不存在因撂荒而产生沙漠化肆虐之虞。而对灌区开发顺序的合理规划及对旱耕地开发的有效控制，则可避免灌区开发初期水利保障滞后及无序开垦旱耕地引发的沙漠化。

4. 合理的农牧业开发可有效规避沙化并产生巨大的生态效益

未来坚持"生态文明新灌区，多元发展新绿洲"的基本理念，践行"建设小绿洲，保护大生态"的优选途径，以节水、集水和水资源高效利用为该区发展生态农牧业的核心，突出草原生态建设、畜牧业、特色农业、节水农业，践行草畜型生态农牧业模式、以沙产业为核心的生态农牧业模式、生态种植业模式、丘陵山区小流域综合治理型生态农牧业模式、城郊型生态农牧业模式、集水型生态农牧业模式，形成我国内陆生态防护型与特色无公害农牧产品基地型相结合的生态农牧业体系，将可产生 1.53 万亿元/a 的生态服务功能价值。

本书旨在回答大柳树生态经济区农牧业开发与土地沙化是否存在必然的因果关系，并从宏观角度分析论证大柳树生态经济区未来农牧业开发的方向和路径，并列举了若干可行的农牧业开发模式。放眼未来，本区域的开发建设还需进行更深入、更周翔的研究，包括节水技术、产业升级、不同地理空间的发展路径及开发模式等。

参 考 文 献

艾冲. 2003. 论唐代前期"河曲"地域各民族人口的数量与分布. 民族研究, (2): 51-60, 108.

艾冲. 2004. 论毛乌素沙漠形成与唐代六胡州土地利用的关系. 陕西师范大学学报(哲学社会科学版), 33 (3): 99-105.

艾冲. 2009. 公元7～9世纪库布齐沙漠分布范围探考. 唐史论丛, (1): 251-260.

蔡博峰, 张力小, 宋豫秦. 2002. 我国北方农牧交错带人地系统脆弱性刍议. 环境保护, (11): 22-23, 27.

陈百明. 2001. 中国农业资源综合生产能力与人口承载能力. 北京: 气象出版社.

陈灵芝. 1997. 暖温带森林生态系统结构与功能的研究. 北京: 科学出版社.

春喜, 陈发虎, 范育新, 等. 2007. 乌兰布和沙漠的形成与环境变化. 中国沙漠, 27 (6): 927-931.

范育新, 陈发虎, 范天来, 等. 2010. 乌兰布和北部地区沙漠景观形成的沉积学和光释光年代学证据. 中国科学: 地球科学, 40 (7): 903-910.

范育新, 陈晓龙, 范天来, 等. 2013. 库布齐现代沙漠景观发育的沉积学及光释光年代学证据. 中国科学: 地球科学, 43 (10): 1691-1698.

方精云, 刘国华, 徐嵩龄. 1996. 我国森林植被的生物量和净生产量. 生态学报, 16(5): 497-508.

房世波, 许端阳, 张新时. 2009. 毛乌素沙地沙漠化过程及其气候因子驱动分析. 中国沙漠, 29 (5): 796-801.

冯宗炜, 王效科, 吴刚, 等. 1999. 中国森林生态系统的生物量和生产力. 北京: 科学出版社.

耿占军. 1994. 元代人口迁徙和流动浅议. 唐都学刊, 10 (2): 36-41.

郝志成. 2007. 关于清代以前后套地区的开垦问题. 内蒙古师范大学学报(哲学社会科学版), 36 (2): 122-125.

何彤慧. 2008. 毛乌素沙地历史时期环境变化研究. 兰州: 兰州大学博士学位论文.

侯仁之, 俞伟超. 1973. 乌兰布和沙漠的考古发现和地理环境的变迁. 考古, (2): 92-107+133-137.

侯仁之. 1997. 从红柳河上的古城废墟看毛乌素沙漠的变迁. 重庆市博物馆编. 水文、沙漠、火山考古. 北京: 文物出版社.

靳芳, 张振明, 余新晓, 等. 2005. 甘肃祁连山森林生态系统服务功能及价值评估. 中国水土保持科学, 3 (1): 53-57.

康艳, 刘康, 李团胜, 等. 2005. 陕西省森林生态系统服务功能价值评估. 西北大学学报(自然科学版), (3): 351-354.

李军. 2014. 榆林市生态系统服务功能变化及其生态安全. 西安：西北大学博士学位论文.

李凌浩，刘先华，陈佐忠. 1998. 内蒙古锡林河流域羊草草原生态系统碳素循环研究. 植物学报，
（10）：76-82.

李再军. 2013. 腾格里沙漠腹地钻孔揭示的沙漠形成与古环境演化历史. 兰州：兰州大学博士
学位论文.

廖国藩，贾幼陵. 1996. 中国草地资源. 北京：中国科学技术出版社.

吕卓民. 1997. 明代宁夏屯垦区的水利建设. 中国历史地理论丛，（4）：199-208.

马长欣，刘建军，康博文，等. 2010. 1999—2003 年陕西省森林生态系统固碳释氧服务功能价值
评估. 生态学报，30（6）：1412-1422.

马志荣. 2000. 论元、明、清时期回族对西北农业的开发. 兰州大学学报，（6）：92-97.

闵庆文，刘寿东，杨霞. 2004. 内蒙古典型草原生态系统服务功能价值评估研究. 草地学报，（3）：
165-169，175.

钱穆. 1994. 国史大纲. 北京：商务印书馆.

山本武夫. 1972. 远东降水的长期变化. 日本自然地理杂志，（4）：199-222.

宋豫秦，陈妍. 2017. 荒漠化预警方法研究进展. 中国沙漠，37（2）：205-213.

孙新章，周海林，谢高地. 2007. 中国农田生态系统的服务功能及其经济价值. 中国人口. 资源
与环境，（4）：55-60.

孙颖，王得祥，张浩，等. 2009. 宁夏森林生态系统服务功能的价值研究. 西北农林科技大学学
报（自然科学版），37（12）：91-97.

王吉智. 1984. 宁夏引黄灌区的灌淤土. 土壤学报，04：434-437.

王吉智. 1990. 宁夏土壤通性综论. 宁夏农林科技，04：10-12.

汪一鸣. 1983. 宁夏平原自然生态系统的改造——历史上人类活动对宁夏平原生态环境的影响
初探. 中国农史，（4）：10-22.

汪一鸣. 2005a. 宁夏人地关系演化研究. 银川：宁夏人民出版社.

汪一鸣. 2005b. 西夏时期宁夏平原灌区的水利工程和灌溉管理. 人民黄河，27（10）：58-60.

王春芳，叶茂，徐海量. 2006. 新疆草地生态系统的服务功能及其价值评估初探. 石河子大学学
报（自然科学版），（2）：217-222.

王风雷. 1996. 论元代法律中的野生动物保护条款. 内蒙古社会学（文史哲版），（3）：46-51.

王旭明，张国芳. 2010. 退耕还林（草）工程的综合效益实证分析——以宁夏南部山区为例. 宁
夏党校学报，12（4）：75-78.

王毓瑚. 1980. 近代后套开垦试论. 北京农业大学学报，（3）：31-43.

吴薇. 2001. 毛乌素沙地沙漠化过程及其整治对策. 中国生态农业学报，9（3）：19-22.

吴正. 1991. 浅议我国北方地区的沙漠化问题. 地理学报，46（3）：266-276.

熊黑钢，秦珊. 2006. 新疆森林生态系统服务功能经济价值估算. 干旱区资源与环境，（6）：
146-151.

杨东, 方小敏, 董光荣, 等. 2006. 早更新世以来腾格里沙漠形成与演化的风成沉积证据. 海洋地质与第四纪地质, 26 (1): 93-100.

杨新才, 普鸿礼. 1994. 宁夏古代农业考略. 古今农业, (4): 49-56.

杨永梅. 2007. 毛乌素沙地沙漠化驱动因素的研究. 杨凌: 西北农林科技大学博士学位论文.

叶茂, 徐海量, 王小平, 等. 2006. 新疆草地生态系统服务功能与价值初步评价. 草业学报, (5): 122-128.

于志勇. 内蒙古中西部地区历史文化期的气候变迁与沙化. 安徽农业科学, 39 (12): 7536-7538.

余新晓, 鲁绍伟, 靳芳, 等. 2005. 中国森林生态系统服务功能价值评估. 生态学报报, 2005, (8): 2096-2102.

曾雄生. 2014. 中国农业通史 (宋辽夏金元卷). 北京: 农业出版社.

张彪, 李文华, 谢高地, 等. 2008. 北京市森林生态系统的水源涵养功能. 生态学报, (11): 5619-5624.

张岑, 任志远, 高孟绪, 等. 2007. 甘肃省森林生态服务功能及价值评估. 干旱区资源与环境, (8): 147-151.

张维慎. 2002. 宁夏农牧业发展与环境变迁研究. 西安: 陕西师范大学博士学位论文.

张维慎. 2012. 宁夏农牧业发展与环境变迁研究. 北京: 文物出版社.

张文彬. 1989. 内蒙古自治区伊克昭盟毛乌素沙地农牧业资源调查及区划. 呼和浩特: 内蒙古人民出版社.

张英杰, 宋豫秦. 2004. 论我国半干旱草原地区沙漠化防治战略的转型. 中国沙漠, (1): 90-93.

张永利, 杨峰伟, 鲁绍伟. 2007. 青海省森林生态系统服务功能价值评估. 东北林业大学学报, (11): 74-76, 88.

赵同谦, 欧阳志云, 贾良清, 等. 2004a. 中国草地生态系统服务功能间接价值评价. 生态学报, (6): 1101-1110.

赵同谦, 欧阳志云, 郑华, 等. 2004b. 中国森林生态系统服务功能及其价值评价. 自然资源学报, (4): 480-491.

赵永复. 1981. 历史上毛乌素沙地的变迁问题. 历史地理, 创刊号: 77-81.

赵元藩, 温庆忠, 艾建林. 2010. 云南森林生态系统服务功能价值评估. 林业科学研究, 23 (2): 184-190.

朱俊凤, 朱震达. 1999. 中国沙漠化防治. 北京: 中国林业出版社.

珠飒. 2005. 清代汉族移民进入内蒙古地区的原因. 内蒙古大学学报 (人文社会科学版), 37 (3): 29-34.

竺可桢. 1972. 中国近五千年来气候变迁的初步研究. 考古学报, (1): 15-38.

左书谔. 1988. 明清时期宁夏水利述论. 宁夏社会科学, (1): 72-81.

Barfield T J. 1992. The Perilous Frontier: Nomadic Empires and China. London: Wiley-Blackwell.

后　记

规划中的大柳树生态经济区地处新亚欧大陆桥之中心，位于我国一、二级阶梯的过渡带和西北干旱半干旱地区的过渡带，乃承东启西、联结南北的战略要地，且集能源富集区、农牧交错区、边疆地区、革命老区、贫困人口集中区、少数民族聚集区、民族文化主要发祥区于一域。

综合灌溉兴衰史和气候环境史研究成果，可知历史上大柳树生态经济区所在区域的农牧业发展规律是：历朝兴旺初期和气候温暖时期，引黄灌区扩展，农进牧退，农牧结合，生态平衡；而封建王朝衰亡、战乱频发及气候干冷时期，出现牧进农退趋势，灌溉系统衰败，耕地撂荒，土地沙化，生态失衡。因此，农牧业开发与土地沙化等问题不存在必然的因果关系。而当代农牧业开发案例分析结果表明：合理的灌区绿洲建设不仅不会破坏生态，甚至可有效逆转土地沙漠化，修复脆弱的生态环境，大大提升当地生态服务价值，有效帮助当地农牧民脱贫致富，具有显著的生态效益和社会经济效益。同时，灌区可吸纳大批生态移民，大大减轻生态脆弱地区的生态压力，缓解其日趋紧张的人地关系。

我们深感：论证大柳树水利工程，绝不可片面地以局部地区或个别时段曾经出现过土地沙化和生态隐患为据，而对整个工程采取全面否定的态度。随着生态文明战略的步步深入，随着以滴灌、微灌技术为主体的节水技术的广泛应用，依托大柳树水利工程而规划建设的大柳树生态经济区，完全可以沿着生态、生产、生活"三生共赢"之路健康有序发展，使古老的"塞上江南"再以新的辉煌载入史册。这不仅对保障国家生态安全、能源安全、粮食安全及促进民族团结与维护边疆安全等具有重大的现实意义，而且对方兴未艾的新欧亚大陆桥建设、中央新近强力推进的"一带一路"倡议，也具有得天独厚的中枢地位和无可替代的纽带作用。

除三位著者外，徐海亮、鲁蕾、陈妍、关杨、李重阳、胡馨月、陈昱昊、周宇阳、杨娟、黄磊也参与了本书的撰写。相关人员多次深入内蒙古、甘肃、宁夏进行实地考察、部门走访和入户访谈，获得了大量的一手资料，同时得到了内蒙古、甘肃、宁夏相关单位的鼎力支持与无私帮助，在此一并表示感谢。在项目研究期间，我们部分成员还专程前往以色列考察，重点借鉴其在节水技术、荒漠化治理和环境管理等方面的成功经验，以丰富和验证本书的相关结论。本书编写过程中得到了北京大学中国持续发展研究中心的热情支持，宁夏大学

后 记

汪一鸣教授，北京大学叶文虎教授，北京大学唐孝炎院士，陕西历史博物馆张维慎研究馆员，南开大学鞠美庭教授、生态环保部彭近新教授等多位专家学者都曾给予我们宝贵的指导意见。由于著者学识简陋，不当之处还望读者斧正并谅解。